燧人氏
—— SUI REN SHI ——

为你钻取
智慧之火
Get the fire of wisdom for you

燃人氏 文 人文智慧译丛

哲学苍穹下的美好生活

（德）卡塔琳娜·加林
（德）克丽斯塔·施班鲍尔（M.A.） 著

王海涛 译

SPM
南方出版传媒
广东人民出版社
·广州·

图书在版编目（CIP）数据

哲学苍穹下的美好生活／（德）卡塔琳娜·加林，
（德）克丽斯塔·施班鲍尔著；王海涛译．—广州：广
东人民出版社，2019.8
　ISBN 978-7-218-13682-0

Ⅰ.①哲…　Ⅱ.①卡…　②克…　③王…　Ⅲ.①哲学—
通俗读物　Ⅳ.①B-49

中国版本图书馆 CIP 数据核字（2019）第 135123 号

ZHEXUE CANGQIONG XIA DE MEIHAO SHENGHUO
哲 学 苍 穹 下 的 美 好 生 活
（德）卡塔琳娜·加林　（德）克丽斯塔·施班鲍尔（M.A.）著　王海涛 译

出 版 人：肖风华

选题策划：钟永宁　汪　泉
责任编辑：汪　泉
文字编辑：刘飞桐　于承州
装帧设计：八牛工作室
责任技编：周　杰

出版发行　广东人民出版社
地　　址：广州市大沙头四马路10号（邮政编码：510102）
电　　话：（020）85716809（总编室）
传　　真：（020）83780199
网　　址：http://www.gdpph.com
印　　刷：广东信源彩色印务有限公司
开　　本：889毫米×1230毫米　1/32
印　　张：5.5　　**字　数**：55千
版　　次：2019年8月第1版　2019年8月第1次印刷
定　　价：39.80元

如发现印装质量问题，影响阅读，请与出版社（020-83795749）联系调换。
售书热线：（020）85716849

前　言

思考使人幸福。在过往的时代，这句话听上去很有挑衅性，也就是说事发当时思考是我们不幸的根源。"要是我不必想那么多该多好啊！"许多人坐在冥想坐垫上或是漂浮在健康池里的时候叹息道。感知的时代即将到来。这对我们来说同样无法抗拒，而且我们深信，美好生活的前提在于积极利用和享受时间，坚信思考对我们来说至关重要。一个基本的思维逻辑错误就是把广泛流传的怀疑作为思考的基础。使我们不幸的不是思考本身，而是我们思考的内容。古希腊哲学家爱比克泰德用他的话清晰地阐明了这一观点："困扰人们的不是事情本身，而是人们对事情的观点和评价。"正是消极思想、苦思冥想和忧虑让我们的生活变得如此艰难。因此我们应该处于这样一个时代，能够传授实现美好和成功生活的思想。

有谁比热爱智慧的人能给我们更好的答复呢？因为哲学不一样，就像对智慧的热爱一样。在书中，我们邀请了几位东西方伟大的思想家与我们共同探讨生活的基本问题。在阅读这本书时，您也会接受我们的邀请，阅读会让您舒适惬意并乐于跟我们分享体会。这本书将鼓舞您的精神、撼动您的灵魂。哲学思考不需要很辛苦，您可以想象在美丽的夏日与朋友交谈。您会发现哲学能够让人兴奋、增加阅历，这是多么轻松和有趣。

在我们的书中您会遇见许多古希腊思想家的名字和思想，原因在于生活的艺术是古希腊哲学的中心主题。人们几乎可以在伊壁鸠鲁的格言中看到："每个哲学家的话都是空洞的，这些空洞的话不会满足人们对哲学的喜爱。"古希腊的思想造就了这句格言。古希腊哲学家的目标向来都是明确的，那就是拥有一个积极的思想观点。

近代伟大思想家也坚定不移地推动这种观念，"敢于做一个明智的人！""要有为自己的想法服务的勇气！"在古希腊时期已经众所周知，人们需要像训练肌肉一样去训练精神，这样就可以培养积极的思想，这与现代的心理学和脑科学研究成果一致。最后要说一下神经可塑性，即大脑的可塑性。也就是说我们可以改变已有的思想习惯和思维模式。因此哲学家们历来都提倡人们使用手工工具，这样有利于实现精神上的自我满足、生活实践的传授和好习惯的养成。苏格拉底相信，哲学有助于我们实现美好生活，因为只有认清自我才能有所改变，而做出改变有助于养成思想、感觉和行为上的新习惯。

我们在书中给您的建议有一个优点：使您尽可能地不依赖于外部因素。培养和维护行为举止，会让我们以一定的高度和深度尊重生活。然而相信美好生活是由舒适的体验、经历和感觉结合而来的人，将为自己在通往成功生活的路上挖下第一个坑。因为从智慧的角度看，风险是自己的试金石。我们的态度最终决定了我们的生活质量；它不取决于外在的指标，而是我们的感知。

亚里士多德强调，最大的幸福首先不在于舒适的感觉，而是把我们的本质发挥到极致。其中包括加强我们的个人品德修养，以及改善对生活的态度。美好生活也因此有一个政治和社会的范畴。这使得我们拥有一段有意义的人生。日常生活的哲学如何帮我们找寻更多宁静、愉悦和平静，如何增益我们勇敢、怜悯和幽默的美德，如何促进心灵的构建和智慧的养成，在这本书中我们将共同寻找答案。

在我们挑选出的哲学家身上最值得称赞的是他们永恒的思想和开放的精神。他们对我们今天的生活来说，与他们想要的年龄是一样的，具有惊世骇俗的现实意义。他们的思想既不浮夸也不抽象，而是具体的、日常适用的，具有深刻的处世之道。因此每一个章节都有对日常生活的建议和鼓励以及对生活中自我反省的问题。在这种意义上我们希望亲爱的读者朋友们拥有成功的人生。

卡塔琳娜·加林　克丽斯塔·施班鲍尔（M.A.）

2016年8月

目　录

第三章 "我醒来，作为人而存在"塑造生活… 65

每个人的手里都掌握着幸福生活的钥匙，只要顺其自然，别对生活苛求太多，幸福就会悄然而至。每天训练自己，拥有积极的生活态度，掌握幸福和快乐的技巧。

第四章 "万物皆流!"接受生活，尽情享受　107

鸟瞰生活，放松心情，尽情的享受静谧和沉思。

悠闲也是一种生活态度，它是凡常生活的绿洲。活在

当下，尽情享受自己独特生活的每一分快乐。

第一章

"认清你自己！"

（德尔菲预言）

停下思考

　　停下来思考生活的意义，无论是否为了生计。多花点时间给自己，不要逃避直面生活的真谛。放慢生活的节奏，在内心的宁静中放飞哲学思考的纸鸢。

坚持自我，

不必滚动每一个圆桶

著名希腊哲学家第欧根尼留下了一件发人深省的轶事。第欧根尼是一位住在圆桶里的哲学家，当希腊国王问他能为他做什么时，得到了这样简练的回答："闪到一边去，不要挡住我的阳光！"故事讲述了科林斯城的居民一如既往地忙于工作。有人将货带往市场，有人从此处运送物品，还有人匆忙赶往法院。当第欧根尼注意到这些东西的时候，他开始来来回回疯狂滚动自己睡觉的圆桶。周围的一个人发现了之后问他这是什么意思，这位哲学家回答道："我不想在别人忙碌的时候看起来像一个废物。"

这样一位"怪诞"哲学家的轶事到底意味着什么，如果从想要获得美好生活的角度来说意味深长。第欧根尼把一面镜子放在了同乡人面前。与同乡人的行为相比，他的所作所为乍一看是荒唐的，然而科林斯人所做的事情貌似很有意义。更确切地说，对于第欧根尼来说那就是毫无意义的工作。他在另一个平面漫无目的地来回滚动木桶。

我们所有人都滚动木桶穿过某地。然而我们做事需要知道什么时候去做，以及以仿频率去做。您用一天时间来观察，哪些工作看似忙碌但却似乎等同于没有必要的木桶滚动。

现在人们可以合理地提出异议，科林斯人为了生计只做非常平常但必不可少的事情。这既不是卑鄙下流的事情，也不是为了取笑自己。科林斯人为生计奔波，对于来自木桶中的哲学家来说不一定是一个评价的要点，而对于生存来说却是很重要的事情。忙碌的工作的确使人们拥有美好的生活，但科林斯人却同样没有花时间在自己和这些真正忙碌的事情上。第欧根尼是一个会把时间花在自己身上的人，因为他清楚，只有这样才能更接近他的人生意义。他也知道，人们经常会去做一些碌碌无为的事情，他一再批判这种自我逃避。有一次一个人跟他说，他不适合探讨哲学，第欧根尼回答说，他主要是为了活着。探讨哲学对于第欧根尼来说是一个工作，能够让人们思考自身和行为，所以哲学在他眼中至关重要。

对您来说什么是重要的？哪些想法排在您的第一位？请写下来！并挂在墙上以便于清楚地看到！

我们生活在一个把外界活动赞扬为大家最高生活准则的时代。奥莫·法贝尔是一个积极的人，是现代英雄，因为他促进了时代的进步、成长和发展；至少人们长久以来都相信这个。尽管我们今天在许多领域都能看清这些思想所一致反映的先兆，我们中的大多数人已经熟练掌握这种成功的生活准则。做一些事情，不依赖别人，不管它必要还是不必要，有意义还是没有意义。我们中的许多人都认为这样比什么都不做要更重要。虽然我们呼吁自由和放松，但是当它真的到来时，我们突然不知道要做什么了。那种为了达到最好效果，什么都不做、只沉醉于我们的思想和没有统筹安排的自由的想象简直让人惊讶。

心理学研究证明了这一点。在一项研究中，工作人员要求人们用10-15分钟思考。大多数参与者告知了工作人员他们的年龄，尽管实验与之没有多大关系。他们对这段懒散的时间很有负担。此后，当研究学者让他们进入实验的第二个阶段——这个阶段本身难度很小，但需要忍受电击的疼痛——三分之二的男性参与者和四分之一的女性参与者参与了这项研究，尽管在第一阶段前，所有的参与者都断然拒绝参与此阶段。

在很多时候我们宁愿伤害自己，也不愿意什么都不做。我们不再沉浸于白日梦当中了。但对于我们的大脑来说，这种长期的活动是有问题的，因为它恰恰迫切需要这种白日梦的时期和可能没有意义的懒惰。在我们的大脑里有一个区域，名字叫做"空载"或是"默认网络区"。当我们什么都不做的时候，这个区域十分活跃。在这个阶段它似乎是一种世界模型，紧接着大脑快速运转阶段，接收我们的信息然后调整处理。在玩手机、不停地上网或者是网上聊天时，大脑以这种活动方式持续运转，将阻碍"默认网络区"的正常工作。

你有不带手机的时间吗？或许是在大自然中漫步、与朋友会面时或每天的吃饭时间？如果一整天不带手机，你感觉如何？

对失业的恐惧可能经常会让我们做很多没有意义的事，这是由什么引起的呢？或许是因为我们不知道如何开始。我们已经学会培养自己的想象力、幻想与热情。著名巴伐利亚喜剧演员卡尔·瓦伦丁分享了这种感受，许多人如今都了解这一点，他在一句话中也作了阐明："今天在我身上，没有任何事情发生！"

我们更喜欢承担着压力滚动木桶，这些压力是我们生活中必不可少的组成部分，我们不断地做这件事，就是为了不必停下来或确定家里没人。那些想要寻找自己美好生活的人，应该利用好自己的时间，也就是说，要去做那些绝对必要的事情。

参考文献：

乔治·卢克（编译）：《狗的智慧——古希腊犬儒学家的文章》，斯图加特：克朗出版社，1997年。

慢下来，

寻找遗失的时间

你还记得小女孩毛毛和那位偷别人时间、头发花白的先生的故事吗？米切尔·恩德根据这部小说写了一则关于我们对待时间的矛盾心理的永恒寓言。全文着重描写了毛毛的老朋友贝波，他的遭遇也代表着我们的困境：

> 有时在人们面前摆着一条很长的路。他们认为这条路长得吓人；他们觉得根本走不完……然后人们开始着急。他们一再着急。每次当他们向上看的时候，就会看到甚至还有很多的路要走。人们更努力，与恐惧作斗争。最终气喘吁吁，无法再走了。而这条路却一直摆在人们面前。（《毛毛》，第38页）

在这里贝波描述的恰好是以效益衡量一切的社会一直以来给我们带来的影响：如果你能快速完成这个任务，如果你现在努力的方向是正确的，那么你可以犒劳自己休息一下。这就是"如果——那么态度"，以这种态度我们即可超越自我。尽管我们一再把事情拖延到很晚，就算我们的身体现在已经想要休息；但我们没有加速，我们试图累得气喘吁吁。"更快一点"，我们不耐烦地在心里呼喊。这也恰好是我们小时候听到过的。这也与责问有关。

"你在磨蹭什么？"磨蹭被看做浪费时间。把时间花在美好的东西上被视为做白日梦。我们今天仍然相信。

> 你最近一次坐在公园的长椅上眯起眼睛享受阳光是什么时候？是否静静聆听鸟鸣、看孩子们嬉戏打闹、享受大树散发出的香气？没有看报纸、玩手机？这不是用来荒废和做白日梦的最好时间吗？

我们天天催促自己，就是为了有一个安逸的假期，我们常年疯狂的工作，就是为了自己有几天休息的时间；每周我们负担无限地工作，就是为了能够享受长长的假日。随着日子一天天过去，我们愈发疲惫。我们如此劳累，对什么都已经没有兴趣或者在堵车的时候高声怒骂孩子。

"拖延是生活最大的损失；它浪费了明天，也夺走了现在，却把工作移交给了未来。生活最大的阻碍就是依赖于明天的期待。"（《生活是短暂的》，第31页），歌舞剧演员塞内加为我们把这句话写在了宾客题词留念册上，他已经注意到，我们今天的行为在2000年前他的同城人中已经有所体现。

那么我们要做什么呢？如果代替盲从或放弃，我们将经历怎样的生活呢？城市清洁工贝波似乎找到了解决困境的方法："人们应该从来不思考全部，你能听懂吗？人们必须只思考下一步，思考下一次呼吸，思考下一次清洁。然后，人们就会感到愉悦，这是重要的，如此，人们才会完美地完成事情。"（《毛毛》，第38页）

贝波听起来简单的建议与一位禅宗大师的指导别无二致。他也告诉我们要活在当下，集中精力去做手头上的工作，而不是急着去想过去和未来的事，用全部身心去完成现在的事。不要去想明天再去工作，而是去做现在我们要做的事。这来源于佛教关于集中精神的实践，近几十年来在西方得到高度肯定。

即使在忙碌的时候，也可以随时进行这种集中精神的练习，因为这是值得的。有时我可以停下来，问自己过得如何？我的身体感觉怎么样？我怎么呼吸？多进行几次深呼吸。当您独处时，可以站起来把压力排出体外，尽情伸展四肢。如果有可能的话，就到门口或是窗边呼吸新鲜空气。短时间集中精力的休息可以缓解压力并让您脚下的土地更加坚实。

东西方的智慧之路教我们要体验生活的每一刻。生活没有被分成必须抓紧完成的工作时间，而是尝试把现在努力工作的时间变得放松和高效。我们对时间不耐烦的态度就是把这种工作变成了压力，并且事实上，我们失去了大多数想要得到的时间。

是的，时间是宝贵的。塞内加指出，我们的一生是所有人最有价值的东西。然而时间不是金钱，就像以效益衡量一切的价值标准说服我们的一样。

我们可以把它存起来，以便日后取用。就像《毛毛》里头发花白的男人欺骗人们的一样。按照这种方式来想的话，我们就变成了受害者。我们把真正重要的事情推迟到明天，却时常在今天做没有意义的事挥霍时间。"我们不是没有时间，而是都浪费掉了。"（《生活是短暂的》，第7页）因此塞内加向我们证明了这一点并且呼吁："你们现在这样生活，将永远这样生活；衰老永远不会到来，你们也从来不会注意到已经浪费了多少时间。"（《生活是短暂的》，第14页）

我们的一生就是在利用这宝贵且有限的东西。活在当下，抓住片刻。当我们学会闲逛时会如何呢？懒惰会占据我们的时间吗？我们的生活会变慢、进入慢生活的节奏吗？一个佛教故事简单明了地阐明了这一观点。有一位佛教弟子向他的师父抱怨他的时间总是不够用，他问师父怎样才能更好地处理忙碌的生活。师父回答道，如果你有时间，就思考一个小时；如果没有时间，就思考两个小时。

也就是说，我们要把时间留给重要的事。塞内加向我们保证，如果知道合理利用的话，时间会一直在那里。"如果我们合理安排，那对于最重要的任务来说，人生足够漫长，时间也足够充裕。"（《生活是短暂的》，第7页）

今天给自己送一个有价值的礼物：把时间送给自己！请把大量的时间花费在心里挂念的事情，不要受日常琐事的叨扰。

参考文献：

米夏埃尔·恩德：《毛毛》，斯图加特/维也纳：蒂内曼出版社，2005年。

塞涅卡：《生活是短暂的》，斯图加特：雷克拉姆出版社，2007年。

每个时刻，
内心怎样归于平静

也许您还记得曾经一个香烟品牌的广告，里面画了一个小人，它爬到天花板上，因为上面有个非常不起眼的小东西。还没等它拿到香烟，您就完全放松了。广告词说的是："停下吧，我的朋友！谁马上会生气（一语双关，既可以指生气，也可以指冒烟——译者按）！"（首先声明，我们没接收烟草业的资助。这个小人仅仅是我们童年时代喜欢的一个人物。）

如果能拥有如此轻松的宁静，可能我们都不会反对。事实却并非如此。因为平静首先并不是放松自己的能力，而是不能像广告里的烟雾那样暴跳如雷。那些意志不是很坚定的人可能更多地需要为了获得宁静跟自己作斗争，需要进行我们之前提到的哲学上的宁静训练。

古希腊哲学家们认为不轻易发脾气是重要的人生目标，我们需要保持平静。他们坚信，人们必须能够掌握保持平静的能力，而心态控制大师在2500年前也不是随处可见的。

不仅仅是斯多葛派哲学家，几乎所有的哲学学派都把静修作为哲学最重要的任务之一。

人们总是习惯性地将哲学与理论或抽象联系在一起，认为它更多的是纯粹的思想活动，所以对于这种实践定位你也许会很好奇。这种惯性思维对于古代西方哲学来说是不成立的——哲学是对灵魂的治疗。伊壁鸠鲁的名言说道："每个哲学家的言论都是空洞的，人类的激情并不能由此得到治愈。"（《战胜恐惧》，第82页）

此外，伊壁鸠鲁并不是斯多葛派，他建立了自己的学派，借此表达出哲学所试图治愈的顽疾：激情与冲动。那些觉得这有点像东方冥想体系的人并没有错，控制情绪以达到内心平静是大多数冥想练习的核心任务之一。或许你现在想问，印度人是否已将他们的想法传播到古希腊？答案是否定的，古希腊人提出了更加密切分析内心不安的独特想法。

对于这种分析，我们需要一种工具，这种工具对于斯多葛派学者来说就是理性。最简单的理解就是如果经历的事件越多，那么我们陷入内心躁动不安的状态的可能性就越大。

关注自己的周计划会对你大有裨益。试想一下是否所有的预约、活动、约会、任务都是必要的？有没有什么日程是取消也不会影响你的生活的？如果没有，那取消掉会有什么后果？真的会对你的生活造成实质性的影响吗？到底是什么在降低你的生活质量？

古罗马斯多葛派哲学家塞涅卡进一步指出："最重要的是正确的自我评估，因为我们经常倾向于高估自己的能力。"（《心灵安定》，第185页）当我们分配好自己的精力并用于我们真正能够做到的事情时，生活会更加轻松。因为我们有越多的主动权，会有意外发生的担忧就越少，从而获得内心的平静。

然而，塞涅卡所说的主动权并不是基于我们的能力，而是取决于我们自身。我们愈真实，愈少躲在虚假的人设背后，我们的生活便愈安逸。每个活在虚假人设中的人，都会害怕有一天自己的人设会被拆穿。正确自我评估的另一个优点就是：总会将失败的可能性作为现实来考虑。"如果没有人告诉他'你一定会成功'，那么他更容易去承受失败的痛苦。"（《心灵安定》，第201页）

心灵安定还可以使我们专注于可以实现的目标，而不是不切实际的目标。因为生活幸福感依赖于不切实际的人，他们容易因为失败而感到沮丧或压力。

但不切实际的目标不仅仅危及我们内心的平衡。

> 追求生活安逸的人，不允许自己为琐事浪费精力……并且在他的计划中，首要地列出了他能想到的所有潜在障碍。（《心灵安定》，第201页）

追求生活安逸的人应有为一件事情坚持不懈的决心，为此保持灵活的状态并能预见潜在的障碍。"缺乏变通能力、不能持之以恒便与内心的安逸背道而驰。"（《心灵安定》，第201页）灵活性意味着能适应不断变化的环境，那些与时代格格不入的坚定很难取得成功。这种挫败将再次席卷内心的平静。

即使对于不在我们预见掌控下的生活，斯多葛派学者依旧知道如何更好地处理痛苦与不愉快。他们认为，人们只要做好随时迎接困难的准备，这样就可以更容易地承受命运的冲击。人们可以称其为心理准备，它与黑眼圈或灾难性渴望无关，只是意识到困境与生活密不可分。

对于"事情为什么会发生在我身上"这个问题，斯多葛派学者大概会反问你："为什么不应该发生在你身上？难道就应该发生在别人身上吗？"斯多葛派学者之所以会这样问，是想让我们意识到生活中的很多事情是我们无法掌控的。无论我们喜欢、情愿或是生气与否，该发生的终会发生。因此，我们应该用一种明智的态度去处理这些事情：接受它们。

塞涅卡对于那些因不满于现状而愤懑的人来说，也有一个很好的建议："你应该以轻松而不是严肃的态度去对待一切。"对于一件事情你可以选择生气以待，也可以用幽默的方式一笑而过。而后者更有利于平静与心安，懂得宽容别人过错的人，自己也会从中受益。

回忆一下能带给你平静的东西，改变一下你的立场。想象自己坐在一把椅子上或站在某个地方，把窘境看成是一个无关紧要的第三方。试想一下，你对此还有没有不同的解读？还有隐藏的另一面吗？又是否还有好的一面？

参考文献：

伊壁鸠鲁：《战胜恐惧》、《格言集》（残篇）、信件及教义问答，苏黎世：阿蒂米斯出版社，1990年。

塞涅卡：《心灵安定》，选自海因茨·贝特霍尔德《幸福生活手册—哲学著作》，科隆：蟒蛇出版社，2011年。

最安静的时间往往最重要

无数的神话和传说围绕着他，一些历史学家甚至怀疑他是否真的存在过，他就是中国古代著名的哲学家老子。距今几个世纪之前，他将"静"作为知识的可能性引入哲学领域。他主张"守静笃"（《道德经》，第十六章），同时勾勒了道教哲学家心目中的理想人格："圣人之在天下，歙歙焉，为天下浑其心。"（《道德经》，第四十九章）

然而，如今"静"似乎已很难实现。无论我们走到哪里，喧嚣步步相随。宁静已成为一种珍贵的商品，因此想要寻找宁静，我们就必须做好远行的准备并付出巨大精力。

我们在遥远的田间山巅之上、森林深处、广阔的沙漠中寻找一方宁静。在我们寻得它并将其在全身蔓延的瞬间，我们会感受到前所未有的力量与满足，时间似乎都凝结了。侧耳倾听，我们的听觉和触觉变得敏感而尖锐。

但宁静也会带来恐慌，因为我们不再习惯于没有忙碌而远离喧嚣的生活。至高无上的自然力量带给我们恐惧和死寂的黑夜，使我们自己陷入瘫痪。就好像我们的生命因突如其来的宁静而陷入停滞。我们总是想要驱动我们的生活，并相信只有最忙碌和充满行动力的地方，才是真正有生活的地方。但我们却忽略了最真实的事情往往在静谧中发生。

　　"最重大的事——并非我们最喧哗而是我们最静默的时候。"这句话源自德国哲学家弗里德里希·威廉·尼采的著作（《查拉图斯特拉如是说》，第660页）。因此，在日常生活中要给自己留出安静的空间。

　　但我们怎样才能寻得自己内心的宁静呢？道教已经开发出有效的冥想方法，并配合呼吸及身体机能，释放不安的心灵，太极拳就是一个很好的例子。当外部环境变得安静时，内心便变得聒噪起来。当人们到修道院或冥想中心进行静修时，人们总会遇到这种令人不安的经历：大量的思绪、恐惧、忧虑与回忆如潮水般向他们涌来。佛教将我们的想法与猴子进行比较并不是巧合，在我们安静下来的时候时，猴子就开始尖叫起来。很明显，我们的思想借用突然的沉默，最终大声告诉我们在忙碌的生活中所压抑和忽视的一切。虽然很难忍受，但当下能做的也只有坐下来冷静，等到我们的思绪贯穿一切的时候，猴子也疲倦了，为了得到我们的奖赏而跳舞。任由纷扰的思绪来来往往，没有与他们融为一体，也不去关心他们的内容。简单地坐下来直到放空，身体的静止也可以使我们的思绪平静。"塞其兑，闭其门，挫其锐，解其纷，和其光。"（《道德经》，第五十六章），这就是老子向我们传达的生活真知。因此，在禅宗修道院中的人在白墙前冥想，以便让头脑放空，在此时此地漫无目的地尽享宁静。以下这首禅诗很好地表达了这种意境。

静坐，

无为，

春天来临，

莺飞草长。

（禅宗）

道家把不争、不刻意去作为的状态称之为"无为"，此状态可以通向内心的静谧，而且相信正确的事物会在适当的时间按自然顺序出现。"天下神器，不可为也。为者败之，执者失之。"（《道德经》，第二十九章）这就是老子的代表性观点，传达了道教的基本主张：即一切都在不断变化，明智的做法就是不抵抗，顺应事物的发展变化，顺其自然。

　　你可以通过这种冥想打开沉默的内心空间，而不依赖于外部环境如何。闭上眼睛，专注于你的呼吸。有意识地去吸气、吐气。现在你开始去感受吸气、吐气之间短暂的停顿，停顿所在之处便是一方静谧的空间。在这里一切都静止了，一切又在加深，就像你沉入海底一样。只要它能让你愉悦，你便可以延长这个休息时间，并感受每一次呼吸所带来的静谧，在身体中蔓延。

　　老子向我们保证，只要能在静谧中坚持聆听，我们便能找到生活的答案，随后可以采取适当的行动，使道与我们的存在保持一致。"清静为天下正"（《道德经》，第四十五章），他确信只有和谐的生活才能带来持久和真正的幸福。

　　古代斯多葛学派哲学家也认识到他们应向人们展示他们如何能够自得其乐，为了实现这一目标，斯多葛学派的主张与道家相仿，推荐静修与灵魂观察。斯多葛学派的马克·奥雷尔说道："没有哪个地方比人类的灵魂更安静和不受干扰，特别是如果它包含能激发心灵和谐的品质。"（《自我审视》，第52页）因此，人们发现了这种无拘无束的静谧并称之为"心如止水"。

因此，我们在日常生活中寻找并拥有一个专属的静谧空间很重要，无论是在大自然中还是附近的教堂、图书馆、花园或公寓里一间安静的小房间。在这里我们可以一言不发，远离交通的喧嚣及来自人们或社交媒体的叨扰。这个房间总是在那里，大门总是向你敞开，我们只需要决定进来，于是我们打开了新的体验空间，从而接触到了本质。

给自己一个休息的时间，找个休息的地方。你可以给自己充充电，找到你内心的平衡。躺在地上，聆听寂静，倾听绿草的生长。

参考文献：

老子：《道德经》，克罗伊茨林根：海因里希·亨根贝尔出版社，1978年。

马克·奥雷尔：《自我审视》，柏林：岛屿出版社，2003年。

弗里德里希·尼采：《查拉图斯特拉如是说》（II），法兰克福：乌尔斯坦出版社，1984年。

沉着的意义
在于保持清醒的头脑

在当下的热忱中，你又做了一些事后会后悔的事情？你大概希望以后能保持冷静，不会被自己的情绪影响，你要表现得谨慎而明智。

古希腊哲学家给头脑冷静给予了高度的评价，他们谈到了节制，而谨慎是一种非常特殊的美德。柏拉图在他的一些作品中探究了这个话题，他在与卡尔米德的对话中试图找出他们的价值。对柏拉图来说，谨慎是每个灵魂的补救，因为它能驱赶焦虑。谨慎也是一种宁静，虽然平静描述的不是内心的平和，但谨慎强调了认知层面，因为它是通过反射获得的。谨慎的人清楚该怎么做，只因他看透了事情的本质。

特别是柏拉图的学生亚里士多德，他强调了智慧与谨慎之间的密切联系，因为后者捍卫了判断的能力，只有谨慎的人才能做出明智的判断！他通过深思熟虑明确了处理事物最恰当的时机与情形。亚里士多德同柏拉图一样认同，谨慎与自我认知有关。

谨慎的人能正确评估时机与情况，因为他可以真实地感知到自己的能力与可能性。这点也得到了德国哲学家亚瑟·叔本华的赞同，他认为谨慎是人类最重要的美德之一。"谨慎源于人们认识世界与对自我的定位，从而引发思考。"（《作为意志和表象的世界》，第436页）

这种见解对今天的我们来说仍有价值，我们经常想通过更多的深思熟虑而免受一些令人讨厌的"惊喜"。但为什么我们日常生活中很难做到？据推测，人们在快速决策时，谨慎被当作是一个障碍。任何谨慎行事的人都需要时间衡量思考某些决定是否真的正确，又或者是不是最明智的选择。谨慎与"反思"有关，深思熟虑需要冷静与时间。

> 当你做重大决定时，一定要花点时间思考。考虑一下是否有过类似的情形，并扪心自问是否当初做出了正确的决断。

如今的深思熟虑经常被理解为纠结或犹豫不决，被视为性格上的缺陷。我们的时间更多地是由行动而不是思考掌控，正如奥地利歌舞表演艺术家赫尔穆特·夸尔廷格在他的歌曲《半野》中唱到："我当然不知道我要去哪里，但我能迅速为之行动！"有人说，你可以没有计划，但动作要快！显而易见，这种行动方式并不全能产生令人满意的结果。

现代意义的质量特征是古代哲学家缺乏智慧的证明，即快速决策。斯多葛派行事方式的特点就是匆忙判断，因为他们认为遇事的第一反应是没有多虑和错误的，其次是因为他们看到不利于内心宁静的因素。如何判断是否影响内心的宁静，可在《我们可以任意发挥所长》（第66页）章节中阅读。

根据古希腊人的思想进行深思熟虑是明智和善良的举措，了解自己并进行反思，行动的后果也在思考的范围之中。库尔特·图霍夫斯基曾经说过，"善的反面并不是邪恶，而是善意。"我们知道所有出现问题的情况，即使各方都是善意的。库尔特作为人类行为的敏锐观察者已经正确地认识到了这一点。善与善意之所以相反，是因为善意不考虑其后果。如果你的初衷是好的，你想要做一些好事，但你缺乏谨慎的考虑，是否也可以实现想达到的目标呢？出于做好事的热情，最糟糕的结果就是陷入与想要的结果完全相反的情况。

有时某些可能性似乎比我们不考虑后果的决定更有吸引力，不幸的是，无论是在经济还是在私人领域，最具吸引力的选择往往不是最佳选择。我们一次又一次地体验到，仅仅考虑到短期利益会适得其反。消除这些负面后果往往会耗费大量精力，有时也要花费大量资金。

如果你想知道如何寻得谨慎，那就听听亚瑟·叔本华的建议吧：

完全安静的生活需要人们经常回忆过去的经历、体验和感受到的东西，包括他过去对现在的判断、目标、努力以及成功和满足。生活在商业或娱乐之中的人，如果没有将自己的生命延伸到过去，只是不断地摆脱他的生活，就会失去眼界。情况越是如此，外部干扰越大，印象次数越多，他的内心活动就越少。（《附录与补遗》卷II，第444页）

因此，谨慎是批判性反思并重新思考自己行为的能力。在还没有完全迷失在日常生活中时，这种方法效果最佳。

参考文献：

柏拉图：《查密迪斯篇》（全集），汉堡：罗沃尔特出版社，1998年。

亚瑟·叔本华：《作为意志和表象的世界》，尤利乌斯编辑的所有著作和手稿遗产（卷一、二），莱比锡：布罗克豪斯出版社，1871年。

亚瑟·叔本华：《附录与补遗》，尤利乌斯编辑的所有著作和手稿遗产（卷一、二），莱比锡：布罗克豪斯出版社，1871年。

第二章

"我从灵魂中获取灵感"

（安提西尼）

巩固我的资源

　　爱是需要实践的艺术，想要学会如何去爱可以先从爱自己做起，调动感官享受生活的乐趣，活在当下。

关心自我，就是自爱

"对周围的人，他总是勇敢严肃地想办法去爱他们，公正地对待他们，不去伤害他们，因为对他来说，'爱人'与'恨己'都同样深深地扎根于他的心中。他的一生告诉我们，不能自爱就不能爱人，憎恨自己也必憎恨他人，最后也会像可恶的自私一样，使人变得极度孤独和悲观绝望。"（《荒原狼》，第19页）

德国作家赫尔曼·黑塞在他的小说《荒原狼》中绘制了一个人的心理地图，这个人在童年时代就已经受到了严格的信仰限制，只能尊重他人并无视自己。任何人不是他的朋友便是他的敌人。为了寻找爱情，他像饿狼般漫游在生活中，无法自拔。

哲学家埃里希·弗洛姆在他的畅销书《爱的艺术》中明确表达了这一点："如果作为一个人，爱自己的邻人是一种美德的话，那么，它——既然我也是一个人，我爱自己——必须是美德，而非邪恶；根本不存在我自己不被包括进去的概念（即一切人的概念必须把我包括进去）。……在《圣经》中表达的'像爱你自己一样爱你的邻人！'的思想意指对个人自身完善和独立的尊敬；对个人自身的爱和对个人自身的了解决不能脱离对

另一个人的尊敬、了解和爱。对自身的爱和对他人的爱是密不可分的。"（《爱的艺术》，第72页）

没有其他哲学家像埃里希·弗洛姆这样明确地指出，爱是一门需要实践的艺术。因为爱不是从天而降的东西，而是需要知识、实践和积极的努力。对于自爱而言尤其如此，现代人的悖论似乎是这样——虽然不断围绕着自己，但并没有实现自我。强迫自己与自己接触，但更喜欢别人。尽管所有人都以自我为中心，但缺乏自我接纳能力。只要我们想成为一个与众不同的人，我们就离自爱很远。

现代心理学的研究结果表明，能照顾好自己的人从生活危机中恢复得更快，更不容易出现焦虑、抑郁和倦怠情绪，并且更有自信。只有健康的自爱才能给予我们日常生活所必需的宁静和内在力量，使我们即使在生活的风暴中也不会失去情感平衡。

但实际上这正是我们望其项背的地方！为什么我们这么难以接受自己呢？为什么我们不给自己、我们的孩子、伙伴和朋友如此慷慨的照顾？特别是当我们大部分时间都需要同情心时，为什么我们一次又一次地让自己失望？

它似乎源于早期的印记和内化信念，至今仍然影响并使我们的生活变得艰难。我们已经将父母和看护人的批评指责内化于心，并刻骨铭心。我们仍然记着那些责骂惩罚，以驱使我们成为另一个"更好"的人。我们似乎永远不会满足他们的期望：他们告诫我们"做好准备！""要完美！""快点！""坚强！""小心！"心理学称这些声音是我们内在的推动者，如果不是通过生命来追溯，那么几乎没有人会受到这些压力性词句的刺激。

　　　　鼓舞自己，告诉身边的所谓"指令派"：我当
　　　然会犯错误；我有足够的时间；我也可以休息；我
　　　也一样可以表现出弱点。

　　我们跟自己成为最好的朋友，无论好坏，可以相互团结信任，关心支持彼此，那岂不是很伟大吗？亚里士多德称"自我友善"是指有能力与自己合一，照顾好自己。

　　亚里士多德在美德学说中对"应该更多地爱自己还是爱旁人"这一争论已久的问题做出回答："每个人都是他们自己最好的朋友，因此人们应该最爱自己。"（《尼各马可伦理学（第四册）》，第4页，1168b）然而

这一回答被亚里士多德的老师柏拉图指责为自私。几个世纪后，因为对自爱的尊重，他受到了中世纪伟大的天主教哲学家埃克哈特先生的意外宣传："如果你爱自己，那么你就拥有所有的人。亲爱的，就像你自己一样，只要你爱一个人比你自己少，你就从未真正喜欢过自己。"（《埃克哈特大师文集》，第214页）

在宗教法庭上，"自爱"对基督徒来说是一个异端的、彻头彻尾的危险性陈述。教父严厉地将"你要爱你周围的人如同爱你自己"从《圣经》中提炼出来，从此以后便成了基督教会很少有人敢于反击的判决主文：爱人可取；爱己不可取！

埃里希·弗洛姆明确表示，自爱和自私两者并没有任何共同之处："自私自利的人不能爱别人，但他们也不能爱自己。"（《爱的艺术》，第75页）现代心理学调查的结果也几近相同：只有拥有同情自己的能力才能使对他人的同情成为可能。只有那些能照顾好自己的人，一次又一次地补充他们的力量来源，才能拥有照顾他人的资源。

但我们该如何成功地消除旧式自我批评与贬低模式，并在亚里士多德主张的自我友善中实践呢？现代大脑研究学说和积极心理学都赞同我们随时学习自我友善。

大脑研究在此提到了神经可塑性，即人脑的可塑性。这使得我们有可能将负面互连转化为新的积极体验，直到老年时代学会用乐观取代悲观，并通过静默审视内心的声音。

今天开始练习自我关心怎么样？以尊重和欣赏来对待自己，以友好的内心声音对自己说话，取得成就时就称赞自己；遭遇不幸时便安慰自己；对自己的要求过于严格时，要用微笑鼓励自己。

以同情心和爱心对待自己的那一刻，我们一天的心情或许都可以得到改变；许多瞬间积攒在一起，便给我们的生活带来了全新的方向。

把注意力集中在这个世界上的美好事物，享受来自世界各地的幸运；聚集幸福时刻，慷慨地与他人分享我们的幸福；当我们照顾好自己，我们的生活和周围人的生活便变得充实而满足。

参考文献：

亚里士多德：《尼各马可伦理学》，汉堡：菲利克斯梅纳出版社，1995年。

埃里希·弗洛姆：《爱的艺术》，柏林：乌尔斯坦出版社，2007年。

赫尔曼·黑塞：《荒原狼》，法兰克福：苏尔坎普出版社，1972年。

埃克哈特：《埃克哈特大师文集》，苏黎世：第欧根尼出版社，1979年。

克里斯廷·内夫：《自我同情——接受不完美的自己》，慕尼黑：凯拉什出版社，2012年。

快乐生活，
享受生活的乐趣

你最近一次真正感觉良好是在什么时候？你是什么时候离开饮食顾问、手上的心率监测手表以及激活的自我优化应用程序？只要做你真正想做的事情，即使这种愿望不是100%对你的健康有益？因为有一件事对于美好的生活是绝对必不可少的：对生活纯粹的热情。对生活的热情可以通过多种方式表达，其中一种与享受有关。康斯坦丁·韦克的一首歌里唱道："享受生活的乐趣"。这句话颇有道理。

哲学上的感官享受并不总是那么简单。传统西方哲学中的两大学派都认为没有感官愉悦的生活是黯淡的，与人的本性相矛盾，所以他们开始大肆赞美生活的乐趣。昔勒尼学派和伊壁鸠鲁学派的信徒（又称享乐主义者）不得不忍受许多以他们的快乐和欲望为重点的攻击，但他们无法被打败。昔勒尼学派的亚里斯提卜是古希腊第一批思想家之一，他认识到生活也包括感官享受，他被公认为是昔勒尼学派的创始人。有趣的是，他的老师是著名的哲学家苏格拉底，而苏格拉底的主张与欲望哲学大相径庭。

如今我们习惯上称之为"享乐主义"，即以娱乐为导向，可以更多地消费以满足物质需求。虽然我们感觉比原来开心，但这样的方式可能会受到质疑。享受不仅仅意味着消费，无论是关于事物还是食物。享受是充分参与和有意识地感知某事物的能力。我们可以消费或享受生活。消费可能会让人欲罢不能，但真正的享受并不是会成瘾。

> 亚里斯提卜曾说过令人难忘的一句话："控制快乐而不是推翻它，这值得称赞，但并不是否认自己。"（《古典财富学》，第54页）

亚里斯提卜并不认同对自己"酒色之徒"的指责，如何快乐是伟大艺术，重点不是放弃它，而在于控制它。禁欲者和让自己受到欲望控制的人都不了解美好生活。所谓的禁欲者并不是对自己苛刻或没有被欲望所支配，而是不受欲望的驱使。对亚里斯提卜来说，那些能够享受生活而不被欲望奴役的人生活得很好，因为他们不是被盲目的贪欲所驱使，而是自主地决定他们想要享受什么以及如何享受。

如果家庭生活破坏了你的享受，但你又觉得有些享受可以提高你生活的品质，那么你可以看看亚里斯提卜的理由是否能说服你愿望是好的或者必要的。他在为自己享受美好生活辩护时，必须从一个非常简单的事实出发：每个人都在努力寻求快乐，本能地去避免痛苦。即使是小孩，也能认识到这种行为。人类是以欲望为中心的生物，所以才会避免不愉快，即使基督教教义一次又一次地反对欲望，但欲望本身并不是消极的，而是顺其自然的。亚里斯提卜看来，欲望的确与肌肤之亲有关，他并不认为感官享受是一件应受谴责的行为。感官享受不仅是性欲，还有让我们身体感觉到舒适的一切。

如何才能真正享受生活，亚里斯提卜还有一个更好的倡议：活在当下。不论我们执着于过去，又或者担心我们无法掌控未来，都是在浪费生命。如今我们可以从心理学角度得知，对事物事前的喜悦往往比我们的期待更为强烈。所以推迟实现某种享受是可行的，因为我们可以从中体验更久又更强烈的享受。但这并不是亚里斯提卜所提倡的，他想训练人们的感觉，以便人们只能接触当下所提供的东西。但是不懂得把握当下乐趣的人，会一直追逐不切实际的幻影，在将来也无法识别并享受这种乐趣。

伊壁鸠鲁受昔勒尼学派的影响，认为生活乐趣并非全然属于感官愉悦。因此他建议其追随者不要让生活的快乐来源完全依赖于享受，而是要把它视作美好，但如果没有也不要难过。伊壁鸠鲁对实现快乐的生活的另一见解：并非我们的每一次放纵都让我们快乐。在买第三块奶油蛋糕可能会使我们兴奋，但使我们生病的可能性也很高。我们不得不承受胃胀的痛苦，这与饮食的乐趣是不成比例的。正如生活中经常出现的情况，正确的做法决定了舒适与否，享受也是一种应该学习的艺术。

你可以邀请若干朋友、美食爱好者一起下厨做菜，也可以一起去一家好的餐馆，大快朵颐。跟朋友们尽情享受，谈论美食，共同的乐趣增加了快乐的因素。

参考文献：

马尔特·霍森费尔德（编译）：《古典财富学——德语翻译中古希腊伦理的来源》，斯图加特：克朗出版社，1996年。

为什么朋友对我们的幸福
如此重要

伊壁鸠鲁跟朋友们一起用他的积蓄在雅典郊区一片古老的橄榄树林间买了一个田园诗般的庄园。他们的秘密花园名为开普斯（Kepos），门上贴着："陌生人，你将在此过着舒适的生活。在这里享乐乃是至善之事。"伊壁鸠鲁生活在这个色彩缤纷、老少宜居的社区中，他很少关心政治和社会。早在两千多年前就有了这种生活方式，而如今我们称之为"避世者"。

伊壁鸠鲁的研究重点是个人的幸福与救赎，而根据他的主张，这些只能在欲望中找到。因此，他没有以好坏来区分行为，而是以带来快乐和引起痛苦来区分。就像他的建议一样，应选择前者而避其后者。如果我们现在问他，我们从哪里可以获得最大的乐趣，他可能会立即唱出赞美友谊的诗歌。因为友谊是伊壁鸠鲁美好生活的核心所在，他深信"智慧为幸福生活准备的所有事物中没有什么比友谊更伟大、更丰富、更愉快。"（《战胜恐惧》，第100页）

伊壁鸠鲁对可以互相给予安全感的好朋友表示赞赏。在如今传统家庭关系崩溃的时代，因世界观一致、生活经历相仿而走到一起的朋友会比任何其他人际关系更稳定、长久，更少出现问题。与家庭关系、色情、爱情不同，友谊是自愿的、不是由冲动的情绪和激情所引发的情感。

在这不安定、匿名化越来越成为趋势的社会中，为了给予彼此支持和安全感，许多生活性项目正在形成，以帮助人们像伊壁鸠鲁和他的朋友一样，在农村或在庄园有自己的"避风港"。正如亚里士多德所说的那样，从最初的"利益友谊"开始，人们互相提供实际的生活支持，往往会出现"真正的友谊"。前者的特点是，其本身就带有目的性，而另一方则没有。

这是在朋友面前体验并丰富自己生活的纯粹快乐和幸福。在亚里士多德的伦理学中，他称赞这种友谊的特点是仁慈，是所有美德中最美丽的。这就像1930年全球电影股份公司同名电影《加油站的三个人》中唱得很开心一样："朋友，好朋友，这是最大的宝藏。阳光世界！幸福的世界！我们永远在一起！"

停下来问问自己：我的生活是因哪一段友谊变得美好？谁对我来说相处起来格外舒服？如果需要建议或帮助，我该联系谁？

我们很高兴知道我们并不孤单，无论好坏，总有人站在我们这一边支持我们。这就是为什么朋友对我们的快乐如此重要，因为我们一起笑着向前，朋友们即使在困难时期也不离开我们，共度生活中的悲欢离合。友谊可以愈合伤口。有了朋友，我们总能找到一双善于聆听的耳朵；有了朋友，我们就能更好地适应生活的风暴。科学研究表明，朋友不仅有益于我们的情绪健康，而且有益于身体健康。因此，友谊对心血管疾病以及抑郁症的积极影响已得到科学证明。

友谊可贵，需小心呵护。扪心自问，你是否对你的朋友有足够的关心。因为我们经常把老朋友或最好的朋友视为理所当然。给你的朋友写一张卡片或邮件吧！感谢你的朋友在你困难时予以援手，试想一下你的哪些朋友可能会需要你的鼓舞。

我们与朋友一起时，可以展示真正的自己，我们的弱点、不安、恐惧都可以表现出来。当我们情绪不好时，我们不必假装心情愉快。正如作为医生和歌舞表演艺术家埃克哈特·黑尔浩森所说："朋友是那些即使了解你但还喜欢你的人。"而且他们有勇气进行批判性反思，让我们意识到错误并使盲点清晰可见，它们对灵魂在生命道路上的成长和成熟做出了重大贡献。

参考文献：

亚里士多德：《尼各马可伦理学》，汉堡：菲利克斯梅纳出版社，1995年。

伊壁鸠鲁：《战胜恐惧》、《格言集》（残篇）、信件及教义问答，苏黎世：阿蒂米斯出版社，1990年。

克哈特·黑尔浩森：《好运不单行》，莱因贝克：罗沃尔特出版社，2011年。

少即是多，
使精神更为富足

有人问愤世嫉俗的哲学家安提西尼，为什么他明明什么都没有，却总夸大自己有很多财富，他回答说："我从我的精神储备中获取。"（《狗的智慧——古希腊犬儒学家的文章》，第63页）犬儒学派通过相反的做法来或多或少地取笑典型中产阶级希腊教育阶层奉为神圣的东西。然而，雅典人认为他们是独立的仲裁员，因为他们只通过正义而不是偏袒来进行判决。作为优秀的门徒，他们感觉自己无欲无求，有自知之明。

如今如果可以做到无欲无求、有自知之明，对我们也有好处。我们已然站到了一个节点，在这个节点我们必须认识到，这种把富有和持续经济增长相关联的理念，已经将我们带到了全球经济崩溃的边缘。因为所有生命进程的加速都与持续经济增长的想法捆绑在一起，而这种生命进程对于我们来说往往只有一次。我们可以越来越多地觉察到这种毫无节制的生活方式所带来的生态后果。

然而问题的根源既不在于现代现象也不在于西方现象。它一直与人类共存。佛陀称它为"贪婪"，柏拉图则称其为"贪心"，想要更多的意愿。这种意愿也有好的一面。它以某种方式督促着我们。要是没有这种推动，我们可能仍然坐在没有火的洞穴之中。但是，我们当然知道其消极一面。得到的越多，贪欲就会越来越难以满足。

我们有一种错误的观念，认为当我们满足了一种欲望时，家里就会很融洽。但事实通常恰恰相反，每一个欲望都会越来越快地孕育一个新的更大的欲望，越来越缺乏感知。这也是为什么已经拥有很多的人，却变得越来越无法满足，而那些拥有的并不多的人，通常却比较知足的原因之一。

安提西尼认为，那些意识到自己对新物质上的追求并不会使自己获得真正持久满足的人会去改变一些东西，转向追求精神事物以换取变化。也就是那些人们并不能买到，但却让我们内心最深处满足且幸福的东西。

想想你的精神财富，你的才能是什么。简而言之，想想你的个人精神储备。有时它有助于人们想起需要探求那些被他人重视和喜爱的东西。

安提西尼认为自己的富裕显然不归于并不拥有的物质财富，而是精神财富。对他来说，真正的富裕并不是人们所拥有的物质财富，而是精神上的东西。如果你现在觉得这只不过是那些一无所有的人的自我安慰，那你一定是生活在一个很好的社会。因为这种富裕的定义早在2500年前就引发了一些争论。而它可以作为廉价的安慰，这是无可争议的。希腊哲学家以实际行动证明了这种态度。麦加拉问哲学家斯提尔波在自己的家乡被毁之后，除了生命一无所有，而他为什么面对这种损失时可以如此平静？用他自己的话说就是："我随身带着一切。"换句话说就是我没有失去任何东西，因为任何东西都不可能摧毁我所拥有的精神财富。

精神财富，除了能真正满足我们外，还有另一个好处：它是无限可分的。正在追求更多智慧、更多善意、更多同理心、更多快乐、更多爱、更多友谊、更多知识的人，不会夺走其他人任何相关的东西。相反，人们越渴望这些财富，越来越多人的生活条件就越好。如果问世界各地的人，对他们真正重要的是什么，那么答案会惊人的一致：

我们喜欢与自己爱的、珍惜的人共度时光。与家人和朋友共度的时光是最可贵的幸福财富之一，与物质的东西不同的是，在我们维护它们时并不会磨耗。

其他物质财富并不会影响精神财富去感染其他人。这种精神富裕真的在推动我们分享自己。安提西尼也提到："我自己不想对任何人隐瞒什么，而是想在所有朋友面前展示我精神世界的丰富，分享给他们我的精神财富。"（《狗的智慧——古希腊犬儒学家的文章》，第64页）分享的快乐是加倍的快乐。精神富裕使我们对别人敞开心扉。相反，物质财富需要得到保护和保管。而这是通过划清界限实现的。熟悉这种富裕的评估方式，是极为有用的，因为它总是被追求外在的强大习惯所破坏。

安提西尼还提到了精神富裕的另外两个优点。有的人对自己拥有的东西感到知足，并不追求他人财富，是因为他们觉得自己并不缺少什么。我们也摆脱了嫉妒，而它通常与贪婪有关。我们希望得到别人所拥有的东西。精神财富的另一大好处是它创造了时间。摆脱了贪婪的人，会有更多时间用于真正充实的事物。

缺乏选择的原因并不在于外部的事物、情境或世界，而在于我们的思维，但我们无法直接一下子放弃熟悉的观点并以不同的方式看待事物。

在面对你认为不可变的事物时，请进行一次实例测试：请注意它的对立面。在这个新的可能性领域进行精神运动并体会它带来的感觉。

安提西尼有勇气寻求定式思维的替代选择。这使他接触到了从外部可能无法辨认的财富，但却也使他感觉到比拥有任何物质财富更加幸福。

为了理清自己的精神财富，可以在晚上写下当天让自己感到受馈赠的一切。

参考文献：

马尔特·霍森费尔德（编译）：《古典财富学——德语翻译中古希腊伦理的来源》，斯图加特：克朗出版社，1996年。

乔治·卢克（编译）：《狗的智慧——古希腊犬儒学家的文章》，斯图加特：克朗出版社，1997年。

为什么幽默会给生活
增光添彩

在古典哲学中，幽默并不需要太多笑容。柏拉图已经发现幽默不仅有趣并将其逐出智慧舞台。稳重而又令人尊敬的理想类型的学者登上舞台。如果不能找到个别倡导者，那么哲学的幽默可能已经完全销声匿迹了。就这样，柏拉图的学生亚里士多德通过将它作为一种品格纳入自己的美德主义，维护了它的名誉。伟大的自然哲学家德谟克利特显然有着如此开朗的性情，以至于他被后代称为"微笑哲学家"。顺便提一下，柏拉图刻意地忽略了明智的同时代人。他对自己笑得太多了。

从此以后，幽默成了不安定的、放荡不羁的伙伴，它肆无忌惮地拦住了无礼的理性大笑。是的，的确如此：幽默是美德的伟大魔术师。它可以在几秒钟内用笑声、玩笑改变人的感受，缓解紧张和化解冲突，让心灵摆脱忧郁的思绪。幽默给了它翅膀。它将沉重的事物抬起，用轻松的事物替换。

由于它的颠覆性和释放力，这个世界的强者一直都崇敬它。我们已经在第一章滚动圆桶的故事中遇到过无畏的第欧根尼，他就是以自己超强的幽默感得到了亚历山大大帝的钦佩。

在这期间，幽默恢复了声誉。现代心理学重视它的情绪增强效果，当代哲学也愿意承认幽默与智慧的关系。因为幽默增强了勇气、精神力量和仁德，它给人信心、宁静和生活乐趣，从而赋予我们成功的美好生活所必需的、最重要的资源。幽默完全值得我们认真对待。

"当心情变得沉重时，幽默就是保持快乐的能力。"积极心理治疗的创始人诺斯拉特·佩塞施基安曾如此说道。它包含了我们无法控制的生活认知，并使我们面对生活给我们的当头一棒仍抱有乐观的态度。即使它看起来像这样：乐观主义者的问题不少于悲观主义者。他们只是不固执地对待这些问题，因而经常找到创造性的解决方案，这终归是一个视角问题：我们如何看待这种情况下消极和困难的事件？或者我们是否能在其中辨别出积极的、有用的、甚至可能是有趣的东西？我们看得越仔细，就越能清楚地找到我们在日常忧虑中微笑、咯咯笑、开怀大笑的机会。

适时地开个玩笑不仅有趣，而且还可以发散思维。它为这种处境增添了新的解决思路，并揭示了我们尚未察觉的情况。通过改变视角，我们可以获得崭新的且常常是令人惊讶的见解。我们精神的硬壳脱落了，之后就开始在进退两难的观点和结构中进行新的运动。

　　"事情都有三面性：积极的、消极的和有趣的一面"，幽默家卡尔·瓦伦汀曾这样说过。在接下来的日子里，尝试把注意力集中到事情有趣的那一面上。

些许幽默能让我们充满爱，可以从容地看待生活。它使我们与自己的弱点友好相处，同时也使我们对他人的弱点更加宽容。我们要学会微笑地迎接生活中的逆境。不再让我们自以为特别了不起。我们开始明白，生活中有些事情是痛苦的，但我们仍然无法改变，因为它们就是生活中淳朴而又动人的一部分。我们知道，带着笑我们可以更好地处理这些事情，因为大笑可以抑制恐惧、减轻痛苦。尽管生活使我们遭受各种困难和伤害，但幽默赋予我们力量，使我们继续热爱生活。

　　即使你现在可能并不想笑，但请充分利用大笑释放压力和放松自己。大笑瑜伽的印度创始人，马丹·卡塔利亚博士确信我们不必笑着等待自己幸福，反而可以通过笑让自己变得幸福。经常对街上的陌生人微笑会让你收获其所带来的愉快惊喜。在日常生活中与他人一起开开玩笑，也会让人享受共同的笑声。

幽默总是试图避免生活中不可预测的恐怖之事。它拒绝让自己被生活的沉重所拖累。我们与其为了无论如何都无法改变的事情去愤怒、沮丧或者沉默，不如选择大笑。这恰恰是幽默的治疗功能和有益功能。早在发现心理治疗之前，幽默就已经被视为对抗忧郁最有效的治愈手段之一。由于花费最少、最安全，幽默在民间历来被认为是最好的药物。

因此，大傻瓜给人们带来笑声，使他们面对一些费解的事物时，把一面奇怪的镜子置于他们面前，打破禁忌，大声嘲笑几乎没有人敢看的东西，拿死亡开玩笑。伍迪·艾伦则巧妙地回答了他对死亡的态度："我不怕死，我只是希望当死亡发生时，我正好不在场。"这位喜剧演员用他矛盾的回答不仅揭示了我们所有人的秘密愿望，即死亡会饶恕我们，同时也通过自由的大笑讲述了他对死亡有些恐惧。

还有人甚至可以将自己生活中不幸化为风趣的事，并用嘴上的玩笑来反抗他们不可改变的命运。"这周美好地开始了",传奇的强盗首领施德汉纳斯在周一早上被押往刑场的时候说。人们称其为绞刑架幽默,即使在危及生命的情况下也能找到点滑稽的元素,从而将其内心自由保持到最后一口气时。心理学家、纳粹大屠杀的幸存者维克多·弗兰克将这种在困境中的幽默称为"心理防卫机制",而精神分析学家西格蒙德·弗洛伊德则证实:"幽默不是顺从而是反抗,它意味着自我以及快乐原则的胜利,有能力依旧坚持对抗现实条件下的不利因素。"(《小文章1——幽默》)

同时,幽默也超越了自我。"微笑是两个人之间最短的距离(伸手不打笑脸人)",中国有句俗话这样说道。在共同的笑声中会产生一些内心关系,这会增强亲密关系、增进感情。我们的笑声可以感染他人,引导他们获得更多的生活乐趣。"因为它是天生的医生,能使他人开心起来。"我们笑着的哲学家德谟克利特早已知晓。每个人可能都有过这种经历,一旦我们与他人开过一个难题的玩笑,那这个难题就不再具有胁迫性。我们突然意识到:或许它并没有我们想象的那么糟。

有幽默感的人才会深知生活的深度。因此,有忧郁倾向的哲学家亚瑟·叔本华认识到:"认真的人越有能力,笑得就会越开心。"(我是一个有幽默感的人)这样一个真心大笑的人会认真对待他人。他不会取笑他人，而是会和他人一起笑对生活为我们准备的悲欢离合。有智慧的人会常笑并热情地对待他人。共同的笑声显示了知道与其他人分享悲喜的心灵格局。

把明智的伊壁鸠鲁派建议运用到自己的日常生活之中：人们必须在笑的同时思考哲学、管理房子，以及做他所熟悉的其他一切，并且永不停止倾听真正哲学的话语。（《克服恐惧》，第53页）

参考文献：

德谟克利特：《前苏格拉底哲学》，斯图加特：雷克拉姆出版社，1986年。

伊壁鸠鲁：《战胜恐惧》、《格言集》（残篇）、信件及教义问答，苏黎世：阿蒂米斯出版社，1990年。

西格蒙德·弗洛伊德：《小文章1——第29章幽默》，德国古滕贝格项目。

亚瑟·叔本华：《我是个有幽默感的人——一个快乐的悲观主义者的认知》，慕尼黑：德国口袋书出版社，2010年。

思考的作用，
坚持自我

或许您也有过这样的日子，感觉自己进入了错误的电影之中。一切都是清楚的，对你而言清楚的、明确的、很荒谬的事情，但每个人却都在做。由于作为社会人不喜欢与群体疏远，我们就倾向于抛开自己的思考和怀疑，加入多数的意见或多数人的行为。有时这是不可避免的，但往往也是可避免的。

如果想要得到一些无法立即找到的东西，不要立刻把这种感觉推到一边，而要给自己一段短暂的休息时间，带着好奇，分析一下令你惊讶或奇怪的事情。

古希腊人称这种惊讶的感觉为"taumazein"。它通常被翻译为"吃惊"，但这并不能反映出这个希腊词的全部力量。亚里士多德在他的《形而上学》中解释说，"Taumazein"是所有哲学的开端，而且这个想法是他偶然间从他的老师柏拉图那里注意到的。哲学的开端是感到奇怪，因为人类首先会遇到自己无法解释的，并不理解或认为并不合理的事物。

你上一次真正对一些不符合您期望的事情感到
奇怪是什么时候？你上一次面对问题比答案多的情
况是什么时候？你是如何看待这种无助的？你认为
这是令人不快的事，还是你感觉这背后隐藏着更深
层的东西？

感到奇怪的是这一切似乎从提出更多问题并深入了
解问题的根源就开始了。知晓一切的人不会提出任何问
题，也不会反复追问。只要有些东西真的可以理解，那
也没什么问题。我们总遇到某些事物、情况和事件在实
际上既不明确也不协调。但是因为每个人都习惯了，也
就没有人对其质疑了。

如果你对一些目前还难以理解的事物感到好奇，那最
好再做点别的事情：进行独立思考并开始寻找解决方案。
独立思考无疑是人类最强大的能力之一，正是因为有独立
思考，我们才会有许多伟大发现。不少开创性的事件必须
坚持反对主流科学信仰的主流思想。幸运的是，并非所有
先驱者的结局都如同奥匈帝国医生伊格纳兹·塞麦尔维斯
的那样悲惨。伊格纳兹·塞麦尔维斯早在医学卫生知识

缺乏的19世纪中叶就已经认识到了产褥热的原因。他对卫生知识的看法违背了当时的观点，比如说在疾病的产生方面。塞麦尔维斯被同行强迫性地送入精神病院，最终死在那里。然而，他的理论却在他死后得到了证实。

不只是自然科学的发现要感谢人们对现状的质疑，在社会发展领域，批判性搜索和独立思考起着非常重要的作用。例如，在古代雅典，愤世嫉俗的哲学家希帕提娅挑战了女性不能外出，只有男性才可以出现在公共场所的传统性别模式。当一名男性同事（她在辩论中曾击败过他）在公共场合掀起她的衣服来揭露她是一名女性时，她并没有表现出任何恐慌或震惊，而只是回答说："没错，我是一个女人，塞奥佐罗斯，但你可能也不认为，我决定受教育，而不是在织布机旁度过我的一生是错误的。"（《狗的智慧——古希腊犬儒学家的文章》，第219页）犬儒学派者不仅在他们的思想中遵循主流，而且形成了自己的评判，希帕提娅认为，她证实，女性可以和男性一样思考，因此有权公开发言。

1784年，著名的柯尼斯堡哲学家伊曼努尔·康德发表了一篇文章，文章的指导式标题为《回答这个问题：什么是启蒙？》。文中写道："启蒙就是人从他自己造成的不成熟状态中挣脱出来。所谓不成熟状态就是指如果没有别人的指引，他就不能应用他自己的悟性。这种不成熟状态，如果不是由于缺乏悟性，而是由于没有别人的指引就缺少决心和勇气去应用他自己的悟性，那就是自己造成的，因此启蒙的箴言就是敢于明智！大胆地运用你自己的悟性！"（《著作》，第9卷，第53页）

康德鼓励他的同时代人不要对平常的和显而易见的事物感到满足，要批判地质疑它。这需要勇气，因为这不仅意味着要质疑已习惯的事物，还要质疑所谓的权威。在过去的200年中对此都没有什么太多的改变。不幸的是，我们人类似乎是墨守成规的动物，常常走反对声音最少的道。这条路可能走起来很舒适，但很少能带来美好的生活。舒适和怯懦是独立思考的两大障碍，因为它们会使我们将这些事情交给所谓的专家。汉娜·阿伦特是二十世纪伟大的思想家之一，她说了一句值得注意的话："什么也不做，我也能活得很好。但我不能不试图去理解事物为什么一直是这样而活着。"（《我想理解》，第75页）

当今社会是一个自我定义为知识型且宣传终身学习的社会。但即使我们今天生活在这样一个社会中，这些思想也远未过时，因为批判性思考的能力与知识获取无关。我们需要知识是为了有能力去做什么。相比之下，批判性思维使我们能够思考，我们的工作及我们的工作方式是否有意义。这是完全不同的一种能力，但这对于塑造自己的生活是不可或缺的。这种思考的形式不能交给任何的专家。没人能替您思考，正如没人能替您呼吸一样。我们当然可以，也应该寻求他人的建议，尤其是向那些有经验的人士，但是，这并不等于毫不验证地直接采用别人的观点。

批判性思考是为了清楚认识已形成的思维模式并进一步克服它。许多解决策略不起作用，是因为它们与导致问题的思维模式交织在一起。

阿尔伯特·爱因斯坦认识得十分深刻："人们永远无法以创造问题时所使用的思维方式来解决问题。"

参考文献：

汉娜·阿伦特：《我想理解——关于生活和工作的自我信息》，慕尼黑：皮柏出版社，2013年。

伊曼努尔·康德：《著作》第9卷，达姆施塔特：科学书社，1960年。

乔治·卢克（编译）：《狗的智慧——古希腊犬儒学家的文章》，斯图加特：克朗出版社，1997年。

与狼共舞，
借助大自然的力量

"我到林中去，因为我希望谨慎地生活，只面对生活的基本事实，看看我是否学得到生活要教育我的东西，免得到了临死的时候，才发现我根本就没有生活过。我不希望度过非生活的生活，生活是这样的可爱；我却也不愿意去修行过隐逸的生活，除非是万不得已。我要生活得深深地把生命的精髓都吸到，要生活得稳稳当当，生活得斯巴达式的，以便根除一切非生活的东西。"（《瓦尔登湖》，第98页）

1845年，年轻的美国哲学家亨利·戴维·梭罗决定搬进丛林里。他在一个名叫瓦尔登的湖边建了一间小屋，开始了他为期两年的大胆尝试：过一种远离社会，与自然和谐相处的生活。他为他在荒野生活的经历报告取名为瓦尔登湖。与自然的生活。它被认为是美国文学最重要的著作之一，并且直到今天仍是关于另类生活方式的热销书籍。

在森林中，远离了喧嚣的城市，他忙于日常生活的基本事物。"每天早上都是一个友好的邀请，我的生活是如此的轻松，是的，我想说，就像大自然一样纯真。"他用自己种的玉米，收集的浆果，收获的豆子和土豆制作面包，最重要的是做到了与周围的自然和谐相处。

"难道我不该与土地息息相通吗？我自己不也是一部分绿叶与青菜的泥土吗？"他着迷地聆听着夜莺的歌声，出神地望着鱼鹰在湖面上的飞行，并且感叹自己的遭遇："我每天生命最真实的收获，也仿佛朝霞暮霭那样不可捉摸，不可言传。我得到的只是一点儿尘埃，我抓住的只是一段彩虹而已。"（《瓦尔登湖》，第216页）

你最近看日出是在什么时候？计划一下，在某一天有意识地迎来它的到来。当夜晚退去，破晓来临时，鸟儿们开始唱起了它们的清晨之歌，世界再次苏醒。从大自然中找到一个在此您不会受干扰的地方，可能是在湖边、海边，也可能是在森林边或在开阔的田野之中。让你的眼睛转一转，用心静静地聆听新的一天苏醒的声音。

这位热爱大自然的哲学家成为了追求真正生活和热爱自然生活的几代人的榜样。他一生都追随着理想主义运动，此外，他亦师亦友的哲学家拉尔夫·瓦尔多·爱默生也是如此。

　　他们称自己为超验主义者，倡导自由的和热爱自然的生活方式。他们所宣称的目标是回归原始的自己，从而回归到人类的本源。他们批评了现代生活的不安和大众社会中人们的忘本。他们对民权运动、妇女运动和自然保护运动的发起发挥了重要的推动作用，这些运动在今天仍发挥着重要作用。受到伊曼努尔·康德和弗里德里希·威廉·约瑟夫·谢林自然哲学的影响，超验主义者认为宇宙是一个充满活力的有机体，其中的所有事物都在不断地产生，同时所有的事物都是一切的一部分。人类意识的发展与自然的影响密切相关，"我们在丛林中重新找到了理智与信仰"，爱默生写道（《自然》，第16页）。其背后隐含的是这样一种信念：人类在研究自然的过程中揭示了自己的存在："在静谧的田野上，尤其是在遥远的地平线上，人们看到了某种像他的本性一样美好的东西。田野与丛树所引起的欢愉，暗示着人与植物之间的一种神秘联系。"（《自然》，第17页）

　　我们经常在大自然中找到生活中重要问题的答案。那你为什么不再次动身去远足呢？带着对自己生活提出的一个重要问题踏上旅程。在前进时，不停地询问自己这个问题，倾听自己的内心会给出怎样的答案。

对于十九世纪的哲学家来说看起来是特别重要的事情在今天对我们来说已然变得更加重要。因为我们的世界已经变得越来越喧闹，节奏越来越快。谁不渴望一个可以与大自然智慧和谐相处的僻静之地？可以让我们在自然生命周期中再次成为一个真正的人的地方？可以让我们克服痛苦的分离感和疏远感，再次被世界迷住的一处地方？因为这就是我们从大自然中所学到的：我们需要重新接触那些时常被忙乱和嘈杂的日常生活所埋没的事物本质，并理解它们。大自然慷慨地为我们进行自我冥想提供了一个安静的庇护所。在这里，我们对自我存在有了更为深刻的理解。我们冷静下来，寂静就像我们压抑着的灵魂上的香脂一样："采用大自然的步速。她的秘密在于耐心。"爱默生建议。

"面对自然，他胸中便会涌起一股狂喜，尽管他有自己的悲哀。大自然说——他是我的创造物，虽然他有种种无端的悲苦，总是高兴和我相处的。"（《自然》，第15页）自然给予了我们安慰，使我们的忧虑失去了它们的价值和意义。当我们仰望星空或凝视海浪时，我们认为如此重要和繁重事物的意义，就自然而然地被正确认识了。特别是在不屈不挠的自然环境中，我们获得了自然力量和元素的独创性，"在丛林中也是如此：人们像蛇蜕皮一样一年年长大，但是不论他年纪有多大，他永远是个孩子。人在丛林里能永久地保持青春。"爱默生热情洋溢地写道。

对于梭罗和他哲学道路上的同行人而言，梭罗在自然界中揭示了上帝的存在。大自然也因此成为真正的宗教圣地。"他在森林里的小屋中，隐居者梭罗在一切事物上都感受到了上帝的存在，每一个发芽的叶子，每一片雨滴，鸟儿的歌声以及雷声隆隆，并且认识到：大自然非常具有创造力，充满了神圣，所以雪花也没能逃出他的神来之手。"（《扎根生活》，第68页）拉尔夫·瓦尔多·爱默生用自己的话表达了相应的一系列体会："此刻的我变成了一只透明眼球。我不复存在，却又洞悉一切。世上的生命潮流围绕着我穿越而过，我成了上帝的一部分或一小块内容。"（《自然》，第16页）

参考文献：

拉尔夫·瓦尔多·爱默生：《自然》，苏黎世：第欧根尼出版社，1991年。

亨利·戴维·梭罗：《瓦尔登湖——在自然中生活》，汉堡：德国口袋书出版社，1999年。

亨利·戴维·梭罗：《扎根生活》，弗莱堡：赫尔德出版社，1997年。

第三章

"我醒来，作为人而存在"

（马克·奥雷尔）

塑造生活

　　每个人的手里都掌握着幸福生活的钥匙，只要顺其自然，别对生活苛求太多，幸福就会悄然而至。每天训练自己，拥有积极的生活态度，掌握幸福和快乐的技巧。

我们可以任意发挥所长

"让人们感到不安的并非事物，而是我们对其意义的诠释。"（《道德手册》，第11页）斯多葛派哲学家爱比克泰德这个看似如此简单的句子却是打开美好生活之门最关键的钥匙之一。他将我们塑造生活的权利放到了我们自己的手中。即使我们懂得并接受这种认知，但无论我们如何努力，却始终对所有事情的影响力都非常有限。

我们确实经常会发现自己越是规划、组织生活来抵御不利影响，它就越容易受到影响而且变得脆弱。我们无法尽自己所能地在这种脆弱性前保护自己。现居美国的散文家和金融分析师纳西姆·尼古拉斯·塔勒布对此说道，我们需要更多的反脆弱性。他认为，有了反脆弱性，系统就会在内部建立自我调节抵抗力，这种抗力可以保护经济免于崩溃。这种反脆弱性并不是通过更多的我们所没有的保障和计划来实现的。恰恰相反，少即是多！我们必须让事情顺其自然地发展。

爱比克泰德给我们提出了要求："不要指望事情的发生如你所愿，而要盼望事情发展如其所是。这样，你的生活就会宁静愉快。"（《道德手册》，第14页）

进入生命长河并随之流动的人，比那些逆流而上的人所消耗的能量要少得多。当然，爱比克泰德这里说的并不是一种盲从精神，而是一种可以参与生活及其过程的态度。这很容易让人想起中国的道家智慧。它也认为美好的生活并不在于对事物的抵抗中，而是在适应生活过程之中。

爱比克泰德在开头引用的句子中还强调了另外一个重要的事情。虽然我们改变不了发生在我们身上的事，但我们可以改变自己对这些事件、事物的认识和看法。我们通常认为，发生在我们身上的事件或事物会引发我们的情绪。当我们经历一些令人不快的事情时，我们会认为是事物或事件本身令人不愉快。然而，这是错误的，有时甚至是灾难性的恶性循环。因为并不是事物或事件本身，而是我们对它的评价会引发这种情绪。如果是事件或事物本身引发情绪，那么所有人对此的评价和感受都应该一致，但事实显然并非如此。"几家欢喜几家愁，"这句俗语再恰当不过。

假设你害怕狗。只要一遇到狗，就会感到恐惧感漫上心头。你的推论是，狗是危险的，因为在遇到狗时感受到了十分真实的恐惧。你的个人经历论证了"狗本身就很危险"这种观念的合理性。但大多数时候，引发紧张情绪的并不是狗本身，而是你对狗的看法。这是有很大不同的。一旦狗遇见你，它就不会轻易被你甩掉，你认为所有的狗都是危险的这个观点就会发生改变。但这对美好生活意味着什么呢？

回想一下会给你带来不适、焦虑或担忧的情景。想象一下，有些人会对这种情况做出完全不同的反应，他没有恐惧，也没有担心。你能从中学到什么呢？你能否也对这种情况产生完全不同的看法？这或许甚至是一个挑战，也或许是一个发现新事物的机会？你要意识到：你拥有的观点越多，你的最终选择就越多。

爱比克泰德为如何对待我们的这些评价提供了实践性的建议："因此要努力立即反驳任何恼人的印象：'你只是一个印象，而事实完全不是你所认为的那样。'然后按照你所知道的规则，特别是第一条来检查和审视这个印象是否与我们掌控范围之内的事物有关，当它与超出我们掌控范围的事物有关时，那么答案就很明了了：'这与我无关。'（《道德手册》，第8页）"

因此，事情是否在我们掌控范围之内是起决定性作用的。我们可以改变的就只是我们的信念、规划、习惯和看法。对于其他的事物，我们的影响甚微。你所在的公司是否破产，你不能控制，就像无法控制天气或股票市场价格。但是否让天气或股市价格毁了你的一天，则完全取决于自己。

一旦我们试图影响不在我们掌控范围之内的事物，问题就不可避免地出现了。爱比克泰德对此提出了一个简单而有效的口头禅，我们可以在这种情况下始终意识到这一点。这很简单易学："这不关我的事！"如果爱比克泰德为了自己内心能回忆起来，让听众在心底记住这句话，那么这便与"我不在乎的态度"无关，而是与情感洁癖有关。能将自己的精力只用到自己所掌控的事情上的人，将会更加成功，因此也会更加满足。这种满足感是美好生活的重要组成部分。

不仅是在自己的生活中，在与他人打交道时，认识到我们的评价不能仅依靠外部事物得出，也应该包括我们的主观任意评价，这也是很重要的。

因此，注重生活实用性的爱比克泰德对此建议道："某人洗得很快。不要说：他洗得很差劲，而应该说：他洗得很快。有人喝了很多酒。不要说：

这很糟糕，而要说：他喝了很多酒。因为在了解他这样做的原因之前，你怎能判断他的行为对错呢？因此，这样你就不会对某些事情有明确的感官印象或者草率地给予认同。"（《道德手册》，第48页）

鉴于无法了解他人的动机或意图，我们就应该保留最后的评价，因为这通常有助于我们给出最正确的评价。我们大多数人际冲突都不是基于对事物的评价，而是由于我们对它的看法。只有当意识到这一点，我们才能在与他人看法进行碰撞时，保留自己的看法，并给予对方应有的空间。

参考文献：

爱比克泰德：《道德手册》，斯图加特：雷克拉姆出版社，2008年。

掌握命运，
拥有积极的态度

"我是我命运的主宰，我是我灵魂的统帅。"威廉·埃内斯特·亨利于1875年在他的诗《不可征服》（英文原著《Invictus》不可征服）中写道。英国作家写下的这几句话，给正处于深陷生命危机中的人带来了勇气。据称，100年后这首诗曾支撑南非民权活动家纳尔逊·曼德拉在长期监禁期间保持了自己的勇气。就像南非伟大的民族英雄一样，人们都说这几句话是一首诗或者哲学原理，使他们有力量在困难时掌握自己的命运。

古代哲学家早已知道，我们可以像训练我们的肌肉那样训练我们的思想，我们应该培养积极的信念，特别是在困难的生活情境中。2500多年前的毕达哥拉斯就像我们今天所称的导师一样，开发了一种精神熏陶的方法。这个希腊人不仅是一个数学天才——他的定理直到现在也能让学生在睡梦中背诵，他还是一个明智的且具有独特魅力的领导人，对很多追随者讲授一种遵守纪律的，简朴而且道德高尚的生活方式。站在身体和精神的中心训练。对于后者，毕达哥拉斯制定了短暂而令人印象深刻的定理，这些定理都在《金诗》中得到传播。

据说，他的追随者每天都背诵这些生活准则，并通过频繁的重复，即所谓的"记忆"使之根深蒂固。这是通过消极思想的积极动机来净化灵魂。当代心理学称之为"心理卫生学"，认为它是一种非常有效的方法，正如我们现代大脑研究所证实的那样。因为所谓的神经可塑性，即大脑的可塑性，让人可以用新的积极的经验连接转变消极的经验，用乐观的信条替代悲观的，用充满信心的声音更换内心批判的声音。古代哲学家尽管不知道它在大脑中是如何起作用的，但知道它在起作用。精神上的自我教育、实际生活的指导和良好习惯的练习为成功的生活提供了精神工具。通过阅读、应用、练习和习惯这些方法，人们获得了重要的灵感，使他们的生活更加幸福。

构建属于自己的积极小手册，在其中记入激励人心的引语。这些句子值得反复阅读，或许还能记住一些，这样就可以随时随地拥有它们，并在困难时刻想起。也许可以把一些引语添加在你每天都可以看到它们的地方。这有助于积极原则的内化。

我们每个人都对世界有了一定的了解。而我们一次又一次忘记和相信的事情，就是我们对世界的解释是正确和普遍的。我们忽略了这样一个事实，即这种认识是由自己的经验以及从中得出的结论和解释所提供的。启蒙运动最重要的哲学家伊曼努尔·康德清楚地表明，所有被了解的东西都取决于认识它的人。认知者构成认知。因此，我们永远不会看到事实，而只能看到我们熟悉的形式。对世界，我们只看到自己对它的看法。这正是构成我们命运的原因。因此，任何想要为一个美好幸福的生活创造基础的人，都应该先认识到自己的基本假设并自问：我的哪些信念对我有好处，并引导积极的行为？是什么导致我的不幸并在世上造成我的痛苦？苏格拉底坚信信仰和健康之间存在紧密关联。出于这个原因，他去了市场，并通过他的一贯询问，反复对他同胞的信念进行测试。他知道：只有当我们扬弃旧的和过时的信念时，我们才能为新事物腾出空间。

毕达哥拉斯在他的《金诗》中推荐了以下反思，以测试他自己的信仰和行为：

"再困也不要闭上双眼，在你将一天中的每个行为思考三次之前。

我做错什么了吗？

我做了些什么？

又错过了什么？

从最重要的事情开始，把所有的事过一遍；然后与自己的内在抗争，那些不适宜但很好的事，你会因此感到高兴的事。自由意志寻求你，自由意志锻炼你。

所有这些都应该在爱中去做。"

（《毕达哥拉斯金诗》，第20页）

但是，我们怎样才能加强这种意志，消除塑造我们思维并决定我们行为的消极信念呢？我们如何改变根深蒂固的习惯和几乎自动发生的对我们不利的反应？现代神经心理学不仅对此提供了答案，同时也提供了有效的工具。佛教神经心理学家里克汉森研发了实践积极态度的方法。由于我们的大脑具有明显的消极倾向，而消极体验比正面体验对我们的影响更快，所以需要我们有意识的支持，来促进积极的心理状态。它能强化积极体验，好将消极的经验替代。为了在大脑中建立积极的构造，神经心理学家建议采取以下三个步骤：创造积极体验，丰富它，然后深入了解它。汉森解释说，这就像制造火焰一样：首先你点燃火，然后你把木头放在火上使它燃烧得更旺，最后用火取暖。由此我们能将大脑的焦点集中在积极和美丽的事物上面，从而可以享受许多美丽而短暂的经历，那些我们一不小心就会忽视的经历。这使我们能够有意识地塑造我们的大脑，并在我们的突触中植入更多的快乐和满足感。通过在大脑中持续地嵌入幸福痕迹，我们可以发展对世界的乐观态度，这能支撑着我们，特别是在困难时期。

从今天开始创造一个积极的感官体验宝库。建议的练习方法是在自然中漫步。关注周围的一切，这样会对周围的感触变得敏感起来。做一个深呼吸，静静地听鸟鸣声，叶子的沙沙声，孩子们在远处的笑声。像相机一样把你身边所有美丽的事物记住。看看叶子的绿色，五颜六色的鲜花，多种色调的天空。去感受季节的气味。去感受树的皮有多粗糙，脚下的草有多柔软。感官体验的强度和持续时间对于记忆它们很重要。神经心理学家里克汉森提出，至少20秒钟才能完全获得非常强烈的感官体验。之后将它们印在大脑里成为幸福的痕迹，可以随时激活。

参考文献:

里克·汉森:《冥想——通过正念获得宁静和内在的力量》,慕尼黑:伊里西纳出版社,2013年。

伊曼努尔·康德:《纯粹理性批判》,选自《著作》,第3卷和第4章,达姆施塔特:科学书社,1960年。

毕达哥拉斯:《毕达哥拉斯金诗》,海尔布隆:海尔布隆出版社,2001年。

万物皆有时，
把握机遇

今天我们生活在一个时间就是金钱的世界，一切最好马上发生。等待和耐心不一定是现代社会推崇的美德。决定必须在几秒钟内做出。这种快节奏趋势主要与我们的技术发展、特别与通讯的发展有关。如果能提前安静地思考一个问题、一个询问、一个提议，那么在电子邮件和WhatsApp来时，我们就能迅速回复。人们没有时间让想法成型，没有时间考虑问题。这种做出决定的形式并不总是有利于事物的质量，而这种结果也在意料之中。

耕种过的人都知道成熟的必要性。水果和蔬菜的生长过程需要时间。生活中的一切都需要时间，无法快进，这个观点被中西方的哲学家所强调。正如在中国有人说，"聪明的人不着急，着急的人不聪明。"从这个观念来看，我们的文化是远离智慧的。我们急匆匆地从一个地方赶到另一个地方，做完一件事接着另一件事。我们不停地寻找真相和深度，但我们却无法忍受空间和时间的过渡。一切都必须立即执行，立即解决。

然而，我们不能总是期望自己行动和努力的成果直接变现。生活中的某些事情无法强求。非洲谚语完美地描述了这一点："拔苗助长并不会使草生长得更快。"
如果人类试图干预这个过程并加速它，最后反而适得其
反。是的，它甚至会阻碍和摧毁许多东西。

也许你已经在生活中经历过，无论一件事你怎么
努力都没有起色，甚至花费数年时间还是那样。无论你
怎么努力，进程似乎还是原地不动。甚至你在这件事上
越使劲，结果越不尽如人意。进展越来越慢，一切都陷
入僵局。而当人们不再相信项目会成功，转机便出现
了，情况前所未有地扭转。这便是时机。许多伟大的发
明都是在发明者真正放弃他的想法时才出现的，这时他
到达了自己尝试的极限。这个时候，决定性的想法和知
识就形成了。化学周期表的发现者俄罗斯化学家德米特
里·伊万诺维奇·门捷列夫曾说，有一段时间他对化学
元素位置的问题研究了很久，但还是没能搞清其关联。
直到有一天晚上，他做了个梦，梦中所有元素都清楚地
组合在一起，于是周期表就诞生了。

事情不仅仅需要时间才能做成，有时还需要对的时
机才能取得成功。莱斯沃斯岛的庇塔库斯是希腊七贤之
一，他有一句名言："了解对的时间！"他的意思是正
确的时间。古希腊人称之为"卡伊洛斯"的正确时间。
正确有效的卡伊洛斯，这对他们来说非常重要。他们甚

至将它尊崇为神灵。他们把它描绘成一个只有一缕头发的上帝，而快速抓住这缕发丝很重要。这就是我们今天要抓住机会的原因。

与可测量时间之神柯罗诺斯相比，卡伊洛斯对测量仪器而言没有帮助。卡伊洛斯与柯罗诺斯不同，柯罗诺斯只是简单地运行时间和构建生命、日子、年份。柯罗诺斯也是一个神，但与卡伊洛斯把对的时间当作艺术不同，柯罗诺斯总是可识别和可感知的。

早在荷马伟大的文学作品《伊利亚特》中就描述了希腊人与特洛伊的十年斗争，战争以特洛伊的失败告终，这完全是关于公正的卡伊洛斯。起初，卡伊洛斯意味着正确的地方，尽管有盔甲，但战士却非常脆弱。但这个概念很快被应用于合适的时间。只有正确地执行卡伊洛斯，行动才能成功。否则，就算是付出了很多努力，也不会有好结果。

认识并抓住对的时间是生活的伟大艺术。任何错过它的人都会吃亏。那些没有抓住正确的卡伊洛斯的人便是最好的写照。因此，柏拉图称卡伊洛斯是所有美好生活的衡量标准。真正美好的生活就是在恰当的时刻发生正确的事。要实现这一点需要知识或智慧。对于柏拉图来说，只有去认识自己的人，也就是愿意有意识地分析自己生活的人，才能感知到正确的时刻。亚里士多德强调，卡伊洛斯不是一个客观的框架。我们必须在每种情况下的每一次行动中重新认识卡伊洛斯。

《传道书》中的传道者既不认识亚里士多德，也不知道他的著作，却在书中解释了为什么卡伊洛斯始终都在寻找新事物，而且必将找到。

> 凡事都有定期，天下万物都有定时：生有时，死有时；栽种有时，拔出所栽种的也有时。（《传道书3》，1–2）

在生活中很多事情都有完全属它自己的时间。这个时间不能被人类操纵和定义。如果我们能够认识到何时才是正确的时间该是多好的一件事。要想正确地认识到卡伊洛斯（时间之神），人们只能通过练习。这种训练要带着警惕并参与生活、完全献身于生活的能力去做。

参考文献：

《圣经》：章节翻译，弗莱堡：赫尔德出版社，1999年。

生活的英雄，
勇气可嘉

　　他们沉湎于高楼大厦的纵深处，身着飞鼠装尽行滑翔运动，在没有绳索和钩子的情况下攀爬垂直的悬崖峭壁，骑着自行车在令人眩晕的峡谷上跳跃。在脸书上如今有数百万人关注着这些极限的英雄表演——令人窒息的绝技。他们的勇敢让人联想到昔日的英雄，人们赞美他们在史诗和传说中的勇敢，他们被多少代人视为英雄楷模。

　　但是为了刺激和冒险，在游戏中冒生命危险是否是勇敢呢？亚里士多德已经解决了这个问题，并在他的《尼各马可伦理学》中主张，所有的美德都应该找到正确的尺度。勇气对他来说是他的匮乏、懦弱、自大、蛮勇的试金石。虽然过多的恐惧会让人气馁，无法采取行动，但是对危险的误判会导致鲁莽的行动。对于亚里士多德来说，真正勇敢的人所具备的特点是他有一个更高的目标并以之为方向，并且不会因为路上太多或太少的恐惧而动摇。

　　他的老师柏拉图确信，勇气应该指向善与真，灵魂的力量应该在他身上显现出来。对他来说，勇气、智慧、谨慎和正义是四个主要的美德，罗马的斯多葛主义观点被采纳，并融进了基督教的价值观。因此，神学家托马斯·阿奎那发现了四种美德之一———勇气，而这种美德是所有其他美德的基础。被认为勇敢的人会通过考验，在必要时将自己的生命奉献给正义事业或同胞，是在死亡面前能克服恐惧的人。

问问你自己：我的理想和价值观是什么？我相信什么？为此我愿意付出全力并承担风险吗？

在报纸上，我们一次又一次地读到非凡勇气的例子，那些冒着生命危险从燃烧着的汽车里营救他人，将他人从湍急的河流中拉出来或站在他与攻击者之间的人。当他们被问及为什么冒着生命危险去帮助他人时，他们通常会解释说他们只是做了应该做的事情。对于这些英雄而言，这些事都是自然而然的，因而这引发了对人的本性进一步的思考。因为对别人无私奉献揭示了一种利他主义的形象，即流行的新自由主义形象。这种形象被社会达尔文主义所灌输，这是与自私自利和以自我为中心的人性本质背道而驰的。

当然，我们不必以同样的方式去证明我们的勇气。但我们可以选择每天都变得更加勇敢。我们可以通过做一些困难的并让我们感觉恐惧和焦虑的事情，来训练我们的勇气。在我们的日常生活中其实有足够多的机会。这种勇气是一种我们可以练习的美德，亚里士多德确信："当我们习惯于坚持它且轻视危险，我们就是勇敢的，我们便能够经受得住最轻微的危险。"（《尼各马可伦理学》，II2，1104b）对于亚里士多德来说，对幸福的坚信是勇气不可或缺的一个要素。

尽管勇气是人们期望拥有的，但这总是要冒个人风险的。勇敢的人接受危险是因为他确信自己的行为是必要的。他离开了让人感觉良好从而可以安顿下来的舒适区，而使自己陷入无把握且确定的危险中去。他并没有被障碍所吓倒，而是用全心去克服障碍。

但是我们普通人从哪里获得那么多的勇气呢？有人可以告诉我们方法吗？早在公元一世纪，希腊哲学家普鲁塔克就已经发明了一种有效的教学方法，今天在心理学中称之为"建模"，它作为社会学习的模式被应用。他写过著名的《名人传》，激励其他男人去模仿书中的英雄行为。可以肯定的是，普鲁塔克的战争英雄今天不再是令人信服的榜样，而变成了警示人们战争恐怖的案例，然而这并没有改变这种方法对人的吸引力，因为我们还是需要激励我们的模范，以及让我们可以实践勇敢行为的榜样。为此，我们可以专门寻找支持正义和人道的人。抵抗纳粹主义的战士索菲·绍尔和汉斯·绍尔为他们的信仰献出了年轻的生命。纳尔逊·曼德拉，出于对公民权利的责任心而坐了二十多年的牢。他们可能是人们首先想到的与正义有关的人。我们今天练习勇气可以以他们为榜样。"脱掉已经放置在你心中那无动于衷的外衣"，索菲·绍尔在抵抗组织的传单《白玫瑰》中明确表示，社会的勇气总是自愿地怜悯他人并投入人道主义。她写道：

> 问问你自己：谁是你勇气的榜样？谁是你的勇气？花点时间描述这个人。这个人是怎样的？榜样有哪些性格特征和行为？这个人教会了你什么？

鉴于市民社会在纳粹主义期间犯的错误，哲学家恩斯特·布洛赫要求他们练习"直路"，因为这是人的尊严最显著的特征。但是我们怎样才能学会抵抗顺从和相同的诱惑力？我们从哪里得到勇气来为自己的信念作保，即使他们与大多数人甚至与自己的朋友圈相冲突呢？

为了鼓励年轻人并教导他们勇气，美国社会心理学家菲利普·津巴多提出了"站起来，说出来，改变世界！"的口号。口号出自他的"英雄想象计划"。他那闻名世界的斯坦福监狱实验和他好友的米尔格伦实验揭示了无条件服从的灾难性后果，从而使科学家相信勇气是我们必须要训练的东西。这需要日常生活中做出适当的策略，以在日常生活中做好准备来应对需要勇气参与的不时之需。那么，如果我们每天都完成一个勇气行为，会怎么样呢？练习内心的勇敢的机会有很多，可以通过小步骤干预去训练：用眺望代替视而不见，以发声代替保持沉默。鼓励自己和他人，之后你会确信：勇气太棒了！

回忆你生活中表现出勇气的情况。这感觉怎么样呢？你从过去的生活中学到了什么呢？

参考文献：

亚里士多德：《哲学著作》，第3卷，《尼各马可伦理学》，汉堡：菲利克斯·麦尔诺出版社，1995年。

为什么吝啬是不好的

谁不知道这句格言："奉献比索取更幸福。"像许多其他谚语一样，这句话源自于圣经。根据《使徒行传》，使徒自己回到了耶稣身边。但在耶稣诞生前，这些思想在古代已是众所周知的。希腊哲学家亚里士多德在他最著名的作品之一《尼各马可伦理学》中用一整章论述了这个问题——为什么奉献比索取更幸福。他的回答很简单，好像与时间无关：为别人做些好事有一种美好且光荣的感觉。亚里士多德还指出，奉献是最伟大的美德之一，尤其在爱情和友谊里。这种奉献没有潜在动机。如果谁只是为了得到而给予的话，那他就不能享受自愿给予别人所产生的效果。

思考一下你最近一次为别人付出而没有期许任何回报是什么时候。回忆一下这种情况，并有意识地去体会到当时你有怎样的感受。

最新的医学研究表明，那些慷慨且心甘情愿给予而不期许回报的人，比不这样做的人患抑郁症的概率要小得多。来自英属哥伦比亚大学的加拿大社会心理学家伊丽莎白·邓恩调查了个人满意度和与他人分享金钱之间的联系。她给了学生五到二十美元。一个小组被要求为自己花钱，另一个小组被要求为他人花钱。这些把钱与他人分享或者给予他人的人比把钱花在自己身上的人更加幸福，而且这并不取决于他们被分了5美元还是20美元。与此同时，科学家证明了另一种说法与之的一致性，即单独靠金钱并不能让你快乐。在这里"单独"这个词应该从两方面来理解：一方面，任何独自享受金钱而不与他人分享的人，都不能像那些与他人分享金钱的人一样感受到那么多的幸福；另一方面，无论谁认为只需要足够的钱就能让人幸福，那他就大错特错。

自称自己幸福的富人是因为他们通过以资助项目为基金会筹措经费等途径与他人分享财富，而不是因为拥有无限的资源。与之相反，任何只把财富使用在自己身上的人显而易见都是不幸福的人。尽管如此，大多数人仍然坚信，如果他们有更多的钱或财产，他们会更幸福。

研究表明，只考虑金钱也会让人变得更自私，更加以自我为中心，即使自己需要帮助也不会接受，而是选择远离他人。这种反社会态度对我们没有任何好处。

对大脑的研究表明，通过给予而产生的幸福不仅仅是一种主观和自负的感觉。大脑研究人员观察到，无论何时人们无私地行动并为他人做些好事，他们的大脑都会释放像阿片类药物和催产素一样的激素，这些都是一种天然的麻醉剂。我们通过奉献让自己快乐。我们只需要一次又一次地意识到这些，但不幸的是日常生活中我们总是站在这个意识的对立面。

进化生物学很有意义，当大脑无私地行动时，会释放奖励激素。行为生物学明白，今天那些能够最好与他人合作的人，就是生存的佼佼者。鉴于在合作方面做得最好的物种是人类，所以合作并不意味着仅仅关注自己的优势。合作的能力终究才是巨大的生存优势。一方面，无私行为的能力似乎是我们遗传计划中的一部分。但与此同时我们也会遭到一些其他"程序"对我们身上这种能力的反复阻止或压制。出于这个原因，亚里士多德还说，这种慷慨的美德是自愿给予而不是基于回报，这是一种我们必须实践的态度。我们应用得越多，它对我们来说就越容易。

亚里士多德进一步研究了一个非常有趣的问题：为什么礼物的接受者不像给予者那样快乐？似乎是因为收件人无意识地处于"所欠人情债"之中。亚里士多德的著作《正如一个持续的事实》中提出，"当事人在坚持做好事时已经受益了，对他而言接受回馈也就没那么重要了。回忆高尚的行为是富有乐趣的，但是回忆曾经获得过的好处带来的乐趣更少或者恰恰相反。"（《尼各马可伦理学XI》，7 1168a）

事实上，另一项与老人有关的研究表明，索取比给予拥有的幸福更少。尽管没有生病，但那些只依赖他人支持的人比那些为他人提供帮助的人死得更早。这告诫我们不应单单被服务，也要积极地为他人服务。相反，这并不意味着我们不应该接受帮助或拒绝帮助。就像有些人从不自愿提供任何东西一样，有些人也不愿接受任何东西。两者都是一种不健康的态度。

亚里士多德想做的事情，以及这项研究告诉我们，总是期待从别人那里得到东西而不贡献任何东西的态度并不能为生活带来幸福。亚里士多德把这种态度归纳到了最广泛的贪婪意识中。守财奴什么都不想付出。当他不开心时，他不仅不想给别人任何东西，而且还想要拿走他本身不应得的东西。他以牺牲他人为代价来丰富自己，即使他最终可能在经济上拥有的比别人更多，他也一定不会更幸福。贪婪和幸福是两种完全不相容的态度。

同样在我们的地区，也有许多这样不好相处的人。何不为一个组织或者志愿者协会捐赠少量的物资、金钱或者时间，或资助他人呢？

参考文献：

亚里士多德：《哲学著作》，第3卷，《尼各马可伦理学》，汉堡：菲利克斯·麦尔诺出版社，1995年。

己所不欲，勿施于人

"现在，如果把世界视为一堆混乱的原子或有序的整体，那么可以肯定的是：我是在自然控制的整体下的一部分；与此同时，我必须与所有类似的部分紧密关联。"（《沉思录》，第158页）罗马哲学家马尔克·奥列里乌斯在2000年前的哲学思考中得出了这个结论。在佛教经典中，我们也发现了宇宙关系网的概念。在这种关系中，一切都是相互融合、相互交织和相互依赖的。这种观点认为，这个网中发生的会对一切产生影响。无论这个网被拉成什么样子，整个网都不可避免地会发生变化。来自东西方的智者总是教导我们确认量子物理学、生物学和生态学的最新发现。世界将自身展现为一个整体，一个基于联系、合作和相互依赖的生活网。量子物理学家汉斯·彼得杜尔总结道，"每个原子都与宇宙中的每个原子相连"（《连通性》，第22页），证实了斯多葛派的马尔克·奥列里乌斯2000年前已经认识到的东西。

但是，为什么这个从古代就已被知晓且被当代自然学科在很大程度上证实的整体世界观，在我们日常意识中渗透得很少？为什么我们在一个相互联系的世界中经常有与世界和身边人的疏离感？

一种猜测是这与世界观的普遍性有关，其基础是17世纪的启蒙运动。直到现在它仍然支配着我们的社会思想。它远不是团结和共性，而是强调人的自给自足和个性。说实话，我们也为自己的独立感到自豪。我们非常确信，自己可以掌握自己的生命，可以自由地活着。然而，佛教经济伦理学家卡尔·海音茨·布罗德贝克明确指出，我们忽视了基本的依赖："我们存活在一个由转化的植物和动物组成的肉身，在没有空气的情况下难以存活超过五分钟。肉体在缺水与完全依赖其他人和自然的生活环境下是无法存活的。"（《联通性》，第44页）

在你吃下一块面包之前，想想有多少人的参与才有了盘子中的这些食物。请注意，谷物的成熟需要水、阳光、土壤、养分和空气。

通常这是一场严重的健康危机，它会让我们错过对自负进行改正的机会，使我们一下子意识到我们多么需要其他人的支持。我们会意识到自己并不是独立的个体。此外，我们会体会到马尔克·奥列里乌斯对此会说："一切犹如被神圣的纽带交织在一起。"（《沉思录》，第105页）那些知道如何融入集体的人，那些在一个充满活力的家庭、伙伴关系和友谊中得到精心照顾的人来说，将会获得真正的幸福：安全感和爱。

　　"我只是认为我是整体的一部分，我会对所发生的一切感到满足。但是只要我与那些对我同等重要的部分保持密切联系，我就不会做任何违背共同利益的事情；相反，我会在最大限度地考虑同胞的情况下，为普遍利益而奋斗。"（《沉思录》第146页）。罗马帝王哲学家用这些话制定了具备同理心的一类人的模型，他们用此来关注所有人的共同利益。因为他已经认识到，作为一个世界主义者，他是全球人类大家庭的一部分。任何了解这种联系的人都会不由自主地为世界和人类同胞积极工作。他知道：我们所做的一切，以及我们不做的事，都会对整体产生影响，从而对我们自己产生影响。所有宗教和文化都将知识融入了道德基础：这被称为黄金法则。它表达了一个贯穿所有文化差异的普遍有效性和统一性。植根于这种认知我们知道，他人的幸福与痛苦都是自己导致的。中国哲学家孔子用下面的话描述它："己所不欲，勿施于人。"希腊哲学家，米利都的泰勒斯要求："我们从不做责备他人做的事。"佛祖用同样的话来表达，不要被伤害改变，不要以同样的方式伤害别人。

我们在谚语中找到了更为人所知的黄金法则版本："你不想别人对你做什么，也不要对其他人做。"在与其他人交往时更应经常回想起这句谚语并执行。

但是，我们怎样才能将自己已经意识到的东西运用到日常生活，使它成为我们生活的一部分？美国禅宗大师伯纳德·格拉斯曼是世界著名的社会参与佛教代表，他使用不寻常且非常有效的办法引导人们进入这种体验。在街头静修时，他和他们有一周时间都走在大城市的街道上。在那里他们体验了流浪汉的命运。他们没有钱，只剩下穿在身上的东西。由于有过完全依赖他人帮助的经验，参与者体验到个人对自己身体的完全依赖。他们比以往任何时候都更清楚地意识到，他们需要别人的帮助才能生存。他们说，他们再也不会轻率地从流浪汉身边走过了。由于相互联系的感觉，对他人负责的感觉以及维护他们利益的意愿也在增长。很明显，我们与同胞的距离感越少，与他们的交往就越自然。越深地感受他人的痛苦和喜悦，我们就会越坚定地去尝试减轻他的痛苦并让他快乐。

这就是来自东西方的智者一直教给我们的东西，以及当前幸福研究所证实的东西：通过促进他人的幸福，我们变得快乐；通过帮助他人，我们帮助自己。

参考文献：

格拉德·许特，克里斯塔·斯潘鲍尔：《联通性》，《为什么我们需要新的世界观》，伯尔尼：汉斯·胡贝尔出版社，2012年。

马尔克·奥列里乌斯：《沉思录》，柏林：岛屿出版社，2003年。

康斯坦丁·威尔克，拜尔阿德·格拉斯曼：《革命力量的同情》，慕尼黑：高德曼出版社，2013年。

我们如何才能找到中庸之道

在古希腊古罗马时期,那些准备接受特尔斐城享有盛誉预言的人,不仅在踏进神庙时看到了碑文:"认识自己",而且还看到了其他的名言:"避免极端"(或者:"万事有度")。如今很难谈论究竟什么是适度,因为听起来就很无聊、很平庸。在我们的社会中,几乎没有人在崇拜电视上的超级明星时想要他们成为普普通通的人。我们把相当大的一部分精力都浪费在了成为不寻常和特殊上。我们希望自己从普通人群中脱颖而出,一些人为此似乎有必要超出各个方向的合适尺度。

但对于古希腊人来说,适度和找到适度的中庸之道与无聊和平庸无关,更重要的是找到一条使我们可以避免许多问题的良好生活轨道。古希腊人的衡量尺度与普鲁士人的统一度量关系不大,这不仅因为希腊哲学家们大多是个人主义者,而且因为他们意识到不是所有人的中庸之道都是相同的,人都是有区别的。

因此亚里士多德在他的《尼各马可伦理学》中强调,每个人都必须彻底地探索自己的中庸之道。我们可以在中国古代儒家伦理中找到一个非常相似的观点。孔子的学生孟子说:"中道而立,能者从之。(《孟子·尽心上》）"为了了解自己的中庸之道，每个人都必须注意自己的资质和具体生活条件。为了找到自己的中庸之道，我们必须深入了解自己并熟悉自己。对于某一个人来说是合适的，但对另一个人来说可能就过度了。

然而中庸之道并不完全是个性化的。一些条件有助于找到自己的中庸之道。亚里士多德曾有这样的观点："首先考虑到事物被匮乏和过量所摧毁。（《尼各马可伦理学II，2，1104a》）"确切地说，过多不济事，过少也不济事。亚里士多德立即用一个美好的例子阐释了这个观点，这个例子在我们这个时代并没有失去它的意义：锻炼身体，也就是运动。"过度和不充分地运动都会导致体力下降。（《尼各马可伦理学II，2，1104a》）"那些从不运动的人通常会在某些时候身体出现问题，许多心血管疾病或代谢疾病都与缺乏运动有关。但那些通过运动过度的人也没能保持持久活力。竞技体育运动员在职业生涯结束时几乎都没有健康的身体。适当的运动是好的，过度运动或根本不运动都会对身体有所伤害。

然而运动过多还是过少取决于许多因素。你年轻的时候通常比老人更能吃苦耐劳；由于已经经受过严格训练，你也比初学者更健康等等。中庸之道对于亚里士多德来说是衡量美好和成功生活的一个重要标准。这不仅仅适用于身体。对于我们生活中的每一个领域，找到中庸之道都是重要的，它可以帮助我们免于陷入不正常的极端。总是高估自己的人和那些太不自信而没有用尽自己潜力的人一样，都不能为自己提供帮助。

回顾一下你过去的生活，注意一下你是否因过多或过少而偏离了中庸之道。你从所处的环境中得到了什么样的反馈？

正如已经注意到的那样，早在古希腊就已经响起了对中庸之道的赞美之声。中国哲学家孔子也称赞中庸之道对于成功生活来说是至关重要的。孔子在《论语·雍也》第六篇中讲道："中庸之为德也，其至矣乎！"中庸就像一个内心的标杆。保持中庸的人会忠于这个内心的标杆。但是为了认识到中庸本身，教育是有必要的，因为只有通过教育才能使人们的天资显现出来，仅靠天性很难掌握中庸之道。为了认识到中庸之道，根据中庸之道来打造自己的生活，教育和天性都是必要的。

孔子坚信人天生都拥有一些非常相似的地方。在他看来，人与人之间的差异是通过教育的差异而产生的。伟大的中国圣人也主张所有人都应该接受教育。如果想拥有一个好的国家体制，那么教育中就不允许存在社会等级差别。教育是人们认识中庸之道的工具。如果个人和国家都遵循中庸之道，那么他们都是正确的。追求经济持续增长在古代思想家的中庸之道可能会大受质疑。

孔子认为，每一种与生俱来的美德或好的品质都可能会由于过多或过少而变质。

> 子曰："恭而无礼则劳，慎而无礼则葸，勇而无礼则乱，直而无礼则绞。"（《论语·泰伯》）

参考文献：

亚里士多德：《哲学著作》，第3卷，《尼各马可伦理学》，汉堡：菲利克斯·麦尔诺出版社，1995年。

孔子：《论语》，杜塞尔多夫/科隆：奥根·迪德利希出版社，1975年。

孔子：《中庸——41幅洪字书法》，斯图加特：雷克拉姆出版社，2015年。

孟子：《孟子》，科隆：奥根·迪德利希出版社，1982年。

为什么而活着

现代的幸福神话似乎是沿途最大的障碍之一，它让我们完全绝望地追求快乐。这种追求假装给我们一种无忧无虑和快乐的生活，不断创造着不能实现的愿望。令人啼笑皆非的是，似乎正是我们对幸福的不懈追求，阻碍了我们生活中真正的幸福。因为我们对幸福的想法越多，我们失去的就会越多。"是的，这是要靠运气的，但也不全是靠运气，因为所有人都指望运气，运气反而次要了。"贝托尔特·布莱希特在他的《三毛钱歌剧》中确切地写道。当代哲学家朱利安·巴吉尼建议选取一个完全不同的方向："简单地过我们认为有意义的生活，并将由此产生的幸福作为礼物来看待，这样会更好。（《生命的意义》，第114页）"

我们现在都是寻求意义的人。我们都渴望发挥自己的潜力，共同塑造世界，贡献我们的能力和才干，利用我们的创造力做出贡献。有意义的生活不一定是无忧无虑和快乐的生活。即使生活是非常贫困的、非常费劲的，它也会令人感到幸福。"生活本身就值得去经历，特别是当这种生活是真实的、快乐的且能关心他人的时候，当这个人不浪费自己的时间并不断努力成为他想要成为的人的时候。（《生命的意义》，第192页）"朱利安·巴吉尼证实道。

问问自己：我把哪些能力和才干带给了这个世界？我通过哪些行动和成绩来展示自己和自己的潜力？我在这个世界上的任务是什么？

除了法国存在主义哲学家让-保罗·萨特，没有其他哲学家能够如此清楚地表明，我们必须为自己创造生命的意义。"人类只不过是他自己的构思，他只有在实现自我的情况下才会存在，他只不过是行为的总和，他只不过是他的生命。（《存在主义是一种人道主义》，第130页）"萨特和他的终身伴侣西蒙娜·德·波伏娃共同勾勒了法国存在主义的基础，其基本观点是人为什么正在变好。两人都坚信生命本身没有意义，而每个人都能为自己的生命赋予意义。因此我们自己有责任勾画我们的生命并通过行动使其具有意义。用萨特的话来说，我们是自由的。我们通过每一种行为做出选择并通过行动来表明我们是谁。我们通过行动来创造现实。作为自由和活跃的人，我们不仅要为自己的生命负责，也要为别人的生命负责。"我们说这个人对自己负责，不是想说他只对自己负责，而是想说他对所有人都负责。（《存在与虚无》，第325页）"

让-保罗·萨特和西蒙娜·德·波伏娃因此创造了一种社会参与哲学，其核心关注点是人的解放。为此他们还在私生活中有意识地打破了他们那个时代的社会规范。他们有着公开的关系，拒绝婚姻，拒绝养育子女。西蒙娜·德·波伏娃将其看做是解放女性的重要过程。她在她的关键作品《第二性》中呼吁解放女性，并因此成为现代女权主义的领军人物。

从存在主义的角度来看，在我们生命的尽头，我们就是我们在生命中所取得的成就，我们是我们行动的收获，是我们带给世界的精髓。西蒙娜·德·波伏娃在她的晚期作品《时代》中明确表示，每个人的生命都有意义，只要以爱、友谊、同情和责任心来丰富他人的生命。当人们在生命的尽头回头看时，这正是他们所谓的充实和愉快：完成了某些事情，在这个星球上有所作为，在他人心中留下了痕迹，世界因为他们的存在变得更美好。

与同时代的西蒙娜·德·波伏娃和让-保罗·萨特一样，奥地利精神分析师维克多·弗兰克也确信意志令人优秀。存在主义分析治疗法的创始人发现了最需要它的人。人们必须在生命中找到一个值得去生活并在必要时值得追求的意义。这样的感悟是大屠杀幸存者弗兰克从纳粹集中营里获得的。在这种没有人性的地方，他在头脑中酝酿的存在主义分析趋于成熟，这使他有了不放弃的力量。直到今天都能让世界上无数人有勇气追求充满意义的生命。

根据维克多·弗兰克的说法，我们的世界观与生活方式之间存在着根本的联系。所以我们对生活提出的问题不应该是为什么我们的生活条件如此困难和不公平，而是为什么这些生活情况对我来说有挑战性，以及我该如何应对。

对于人文主义者维克多·弗兰克来说，人类总是为了自己。只有在为一件事服务或对别人充满爱时，人才会完全成为人并实现自我。当我们全心全意投身于一项任务、对一件事情充满激情、致力于更美好的世界时，我们是充满活力和心怀感激之情的。完全献身于我们要做的事情，热情地燃烧自己，追随我们内心的呼唤，这就是让我们感到幸福和充实的事情，这些都是生命中的神奇时刻。和犹太宗教哲学家马丁·布伯一样，弗兰克也确信人类是面向世界的，用布伯的话来说，只有当你成为一个人时才会成为自我。当我们认为自己是世界的共同创造者、是世界的本质时，我们的生命不仅获得了意义，还获得了幸福。目前的幸福研究也向我们证实了这一点。因此成功的生活始终是一种积极的、坚定的生活。

这种世界观取向赋予我们力量，这种力量使我们将有意义的行动置于自己的心态之上，使我们放弃某种东西或某人，使我们不仅要克服障碍，还要在阻碍中成长起来。"一个人知道自己为什么而活，就可以忍受任何一种生活。"经常引用哲学家弗里德里希·威廉·尼采观点的维克多·弗兰克已经认识到了这一点。因此，如果我们能从这种生活状况中获取意义的话，就能更好地处理社会动荡或分离、疾病或死亡等存在的危机所引发的困难状况。对于存在主义哲学家们来说，人类最终的自由便存在于此：即使我们自己不再能改变这种状况，但我们总是可以选择我们面对这种状况时想要表现出来的态度以及我们面对不可避免的命运时的态度。

在你寻求意义的过程中会受到维克多·弗兰克见解的启发。据他说，有三种方法可以寻求意义：第一种是我们设定的行为或我们创造的作品；第二

种是我们在关心和喜爱他人中找到意义；第三种是
费力地从我们无法改变的痛苦局面中争得意义，并
将其作为成熟和成长的机会。

参考文献：

朱利安·巴吉尼：《生命的意义：日常生活中的哲
学》，慕尼黑：皮皮伯出版社，2005年。

西蒙娜·德·波伏娃：《第二性》，莱恩贝克：罗佛
特袖珍书出版社，1992年。

西蒙娜·德·波伏娃：《时代》，莱恩贝克：罗佛特
袖珍书出版社，2000年。

马丁·布伯：《我与你》，慕尼黑：古特斯洛尔出版
社，1999年。

维克多·弗兰克：《意义的呼唤》，伯尔尼：胡伯尔
出版社，2012年。

让-保罗·萨特：《存在与虚无》，莱恩贝克：罗佛
特袖珍书出版社，1994年。

让-保罗·萨特：《存在主义是一种人道主义》，莱
恩贝克：罗佛特袖珍书出版社，1994年。

第四章

"万物皆流！"

（赫拉克利特）

接受生活，尽情享受

鸟瞰生活，放松心情，尽情的享受静谧和沉思。悠闲也是一种生活态度，它是凡常生活的绿洲。活在当下，尽情享受自己独特生活的每一分快乐。

为什么变化属于生活

"人不能两次踏进同一条河流。"（《前苏格拉底思想家——赫拉克利特的第96个思想残篇》）大约2500年前由来自小亚细亚地区以弗所的哲学家赫拉克利特所说。住在河边且有幸可以洗澡的人可能会对这句话感到有些惊讶。即使是在第十次潜入河流之后，莱茵河仍然是莱茵河，伊萨尔河仍然是伊萨尔河。我们当然会注意到这些变化：下雨后水变成褐色，水变得很清澈，水位升高，水位降低。但我们总是能注意到这是同一条河流。

但赫拉克利特断言：人不能两次踏进同一条河流。后来的一位思想家甚至激进了这样一种说法：人一次也不能踏进同一条河流。我们假设这两位思想家都是理智的人，他们可能与其他人没有什么不同，那么在这句话背后似乎隐藏着一些实质性的东西。因此让我们拼尽全力，试图将我们对世界的普遍看法转变为哲学角度下的看法。我们可以疯一下，想想现在看到了什么？

请想一下你的生日，并自问在生日后的第二天是否只是因为正式年长一岁而变成另外一个人。

几乎没有。我们发现这种变化不会季节性发生，而是持续不断地发生。严格地讲，我们现在已经与前一秒钟的自己不同了。这似乎有些夸张，但确实如此，因为我们处于持续稳定的变化中。这种现象不是只发生在人们身上，而是发生在所有有生命的或无生命的事物上。人类与世界上其他事物的唯一区别在于可能只有人类认识到了这一点。

如果万物总是发生变化，那么赫拉克利特在他的哲学思考中所描述的河流当然也在变化。如果万物都在变化，那么我们永远不能两次踏进同一条河流也是可以理解的。是的，我们无法踏进同一条河流也是可以理解的：只是在这一个时刻，河流是相同的，我们是相同的。在潜入河流中的那一刻，我们已经不同于刚刚踏进河流时的我们了。

但是你真的觉得你随时随地都是另外一个人吗？50岁的我们与儿时的我们真的是不同的人吗？如果你没有精神分裂症或患有多重人格障碍，你肯定会感受到过去和现在之间保持着持续稳定的联系。那么我们总是相同的人吗？赫拉克利特只是再一次证明哲学家是疯子？什么是变化和不变？两者似乎都是我们现实中的一部分。但它们如何相互关联？

　　赫拉克利特给出了一个简单而有说服力的答案，即真相只有一个。它们的统一是对立统一。一切存在的事物只因它的对立面而存在于这个世界上。炎热之所以存在是因为有寒冷，美丽之所以存在是因为有丑陋等等。这些对立面处于不断变化和转变中。世界上没有任何东西是永恒不变的。但我们的意识将这些对立面集合在一起，会使我们产生一种连续性的感觉。赫拉克利特认为这种统一是一种有生命力的、自然的力量，它始终存在于所有对立面中，一方面推动着变化，另一方面始终存在于变化中。莱茵河仍然是莱茵河，伊萨尔河仍然是伊萨尔河，尽管在50岁时发生了所有变化，但我们也不会将自己视为一个与5岁时不同的人。

　　我们非常认真地对待赫拉克利特的宇宙论，顺便说一下，佛教也拥有宇宙论。我们看到它对我们的生活产生了非常具体的影响。如果我们能够承认，一切存在的事物在这一生中都要经历一个持续不断的转变和变化过程，我们可能更容易接受生活中的任何事物都不能保持现状或原样。虽然过去的美好时光在我们的记忆中非常精彩和美妙，但却无法保存；新的事物会出现。如果我们不把这个新事物视作对旧事物的威胁，而是视作一种完全自然的事物，那么我们可以以完全不同的方式处理它。将要出现的事物可能是重新塑造某事物的一个机会。

　　想象一下出现在你面前的事物，它会让你感到不安，因为你不确定会面临什么。现在有意识地创造一个可能的积极情景，即尚未发生的事情将如何发生。感受这种积极的未来情景带给你的感觉。深入了解这一内在景象，并尽可能具体地塑造它。

但赫拉克利特还提到了一些非常重要的事情：如果我们的世界是对立的、可变的，那就意味着它永远不能也绝不能对每个人都是一样的。"海水是最干净同时也是最肮脏的水，对鱼儿来说可以饮用并维持生命，对人类来说不可饮用且是致命的。（《前苏格拉底思想家——赫拉克利特的第55个思想残篇》）"对一个人有益的事物并不一定对另一个人有益。不幸的是，我们往往采取相反的态度。因为某些事物对我们来说是好（或坏）的，我们就认为它对所有人来说一定是好（或坏）的。你可能了解这种情况：你为一个人挑选了礼物，但很遗憾这个礼物没有得到预期的赞赏，即使是你花费了大量的时间和精力在你所喜欢的东西里面挑选你所赠送的东西。

如果让赫拉克利特的认识来引领我们，即对一个人有益的事物不一定对另一个人有益，那么这对我们和我们的环境会产生与现在截然不同的影响。我们可以更加放松地处理不同的信念和生活事件，因为我们知道，对于其他人来说，完全不同的事物在此刻、在生活中是重要的或不重要的。我们会意识到，由于新的生活状况，这可能会在他们的生活中以及我们的生活中不断发生变化。

想象一下，如果所有人都和你一起做同样的事情，如果所有人都有相同的嗜好和厌恶，你的生活将会是多么沉闷和无聊；特别是当你与另一个人发生冲突时。你可能不喜欢对方的工作岗位，但也许你能够理解为什么这个岗位对另一个人来说在此刻是重要的。

参考文献：

亚普·曼斯菲尔德（编译）：《前苏格拉底思想家（第一册）》，斯图加特：雷克拉姆出版社，1995年。

我们如何保持心情愉悦

"当有人询问我的住所时，我回答在银河的东边。就像漂浮的云一样。不被任何事束缚。我干脆释放自己，让自己随心所欲。"（《一切都在心中》，第67页）

良宽法师是日本伟大的圣人之一，生前因其古怪和愚蠢的行为而闻名。他的禅师称他为大愚，也就是大傻瓜的意思，并因此赐给他这个名号。良宽在禅寺经历了多年的严格修行后，搬回了山上一个僻静的小茅屋里。在周围的村庄里，这个托钵僧很快就成为了非常受欢迎的客人。他和孩子们一起忘我地玩耍，和农民们一起喝酒。他在一首诗中写道："一边玩，一边穿过这个流动的世界"（《一切都在心中》，第105页）。是的，伟大的圣贤有时表现得非常愚蠢。他们像孩子们一样无忧无虑地笑着、跳着，对日常的事物感到惊奇，表面上看起来会因为活着而感到高兴。难道这些傻瓜们不知道生命是一件很严肃的事情吗？

当涉及背负生活的沉重时，我们无论如何都能胜过他们。我们大多数人都认为，只有一定的沉重才能赋予生命重量和意义。作家米兰·昆德拉并非偶然地将他的著名小说命名为《不能承受的生命之轻》，他因此提出了一个问题，即我们是否能够承受住生命之轻。换句话说：我们经常给自己的生活增加困难吗？我们完全没有看到生活中的苦恼吗？我们在某些情况下没有因胡乱谈论而招来麻烦吗？我们在没有任何问题的情况下制造问题吗？

通常不是命运的沉重打击让我们感到失望。确切地说是日常的小烦恼、小顾虑和小忧虑加重了我们的负担。如果我们能像放下一个沉重的双肩背包那样放下这些烦恼，难道不是一件令人欣慰的事吗？换而言之，会以乐观和自信来丰富我们的生活吗？希腊斯多葛派哲学家爱比克泰德的认识可以在这一点上给予我们更多帮助："让人们感到不安的并非事物，而是我们对其意义的诠释。"（《道德手册》，第11页）如果我们给心灵增加负担，那么外在的事物只会压抑我们。因此爱比克泰德建议区分事物，一种是我们实际上可以改变的事物，另一种是我们无法对其产生影响的事物，然后接受前者并改变它，以及从容地接受后者并发展它。

以下罗马哲学家马尔克·奥列里乌斯的鼓励可以帮助你开发出一个新的视角并摆脱你的问题："你可以摆脱许多不必要的使你忧虑的理由，这些理由都是由你的错误想象产生的。你可以马上开拓一个广阔的自由空间；只用你的灵魂拥抱整个宇宙，思考永恒的时间，然后再思考每一个物体的快速转变；生物出现与消失之间的时间是非常短暂的；它在出现之前的时间是不可估量的，它在消失后的时间同样也将是无限的！"（《沉思录》，第150页）

此外，心理学家建议改变这个训练：要经常鸟瞰这个世界！你会发现你的问题从一定的距离上失去了力量。

如果我们意识到了我们偏爱背负沉重，那么我们也可以选择更轻盈的事物。比如有意识地专注于片刻的美好；比如改变我们的视角，计划做一些令人愉快的事情；或者遵循良宽的邀请："来吧，我的朋友们，让我们整晚都来唱歌跳舞……从满是呱呱叫的青蛙的田地里采摘一些野玫瑰：让玫瑰在你的葡萄酒中畅游，享受每一分钟！（《一切都在心中》，第110页）"

良宽法师的诗歌使他在去世之后闻名世界。然而他生前主要因为谦虚和热心肠受到敬仰。他因孩子气和无忧无虑受到欢迎。仅仅是因为他的存在使他周围人的生活变得更加简单。这个聪明的傻瓜不会不知道生活的可怕和艰辛。他经常被大雪困在山上的小屋里，不得不忍受饥饿和寒冷。但他决定不再通过自己的思想观点给生活增加更多负担。聪明的傻瓜们也是如此。正是因为他们了解处境的危急，所以他们保留了孩子般的天真和内心的快乐。

> 如果现在人们可以松一口气，难道不是很好吗？如果他们感觉到负担变轻了、变少了，并且获得了新动力和新活力，难道不是很好吗？如果我们尝试着通过眨眼、微笑、大笑来促进世界的轻盈，将会是什么样呢？

这看起来实际上是我们所决定的，我们是否要像文化悲观主义者亚瑟·叔本华那样将世界看作是一个"苦海"，或者我们像启蒙家戈特弗里德·威廉·莱布尼茨那样将其视为"上帝所创造的最好的一个"。莱布尼茨一点儿也不天真，他很清楚地知道现存世界的不完美。然而他坚信世界动态发展潜力是最好的。他在其中看到了采取行动的动机。如今这种态度可能会成为我们帮助世界变得更美好的动力。悲叹无论如何也不会让世界变得更美好，或许微笑可以。所以伟大的圣人们经常表现得像小孩子一样愚蠢。他们通过自己的行为让别人发笑，鼓励人们心中要充满欢乐和快乐。

看小孩子们或小狗们玩耍，最好是和他们一起玩！我们从孩子们和小狗那里学习关于生命之轻所需要知道的一切。

良宽法师喜欢和孩子们一起玩。孩子们也都喜欢这个愚蠢的男人。"我每日的活动是和村里的孩子们一起玩。我的袖口袋里总是有一些布球，我不太喜欢别的东西，但是我为春天的宁静而感到高兴。（《一切都在心中》，第81页）"他带着轻松的心态走了，结束了生命。他轻手轻脚，不想留下任何痕迹。然而他的诗歌一直留存在人们心中。

君何所遗，

春日樱花，

山谷杜鹃，

枝头秋叶，

……

（《一切都在心中》，第153页）

参考文献：

爱比克泰德：《道德手册》，斯图加特：雷克拉姆出版社，2008年。

马尔克·奥列里乌斯：《沉思录》，柏林：岛屿出版社，2003年。

良宽法师：《一切都在心中——诗意的禅宗智慧》，慕尼黑/弗莱堡：赫尔德出版社，2006年。

为什么懒惰不是浪费时间

如果你经常只是坐在咖啡馆里，让地球围着你转动；如果你刚好在沉思你的第一部小说，或者只是出于纯粹的兴趣对造船史或波利尼西亚语进行研究；简而言之，如果你总是花时间去做一些真正让你感到有趣的事情，并且这些事情对你的个人生活乐趣是有用的，那么你可以放心地跳过这一章节。如果没有，那么就没有理由陷入恐慌，因为可以学习懒惰！

有趣的是，古希腊人将悠闲称之为scholé，实际上学校（school）一词源于此。悠闲不仅是指休息和无所事事，而且还指学习，但不是一种必须按照博洛尼亚进程要求的在八个学期内模块化毕业的学习。对于古希腊人来说，研究看似无用的、在经济上不可利用的事物是美好生活的一部分，也是悠闲的一部分。看似最无用的活动就是研究哲学。

哲学意味着思考自己、思考世界和思考思想。苏格拉底是西方哲学史上最著名的思想家，直到今天都被认为是智慧的缩影，他就这样度过了他的一生。据报道，他曾经一动不动地站了几个小时，只是凝望着天空。然而任何与苏格拉底交谈的人都必须认识到，他并不是在与一个疯子打交道，而是与一个心灵最清醒、内心平静的人打交道，正是因为他能够处于悠闲的情况下。

即使超越了哲学思想，给思想提供空间也是必不可少的，而不是从一开始就强制它进入功利思想的路径。只有这样才能出现新的认识。许多重要的认识是人们通过给自己时间和悠闲去思考得来的，并且从一开始就没有注意认识的可用性或适用性。

如果你完全放松地坐在公园长椅上或躺在沙发上，只是沉浸于你的思考中（当然不是反复思考问题），那就尽情享受吧，即使这种文化闲散的社会评价是"浪费时间"。这是有价值的时间！

希腊哲学家亚里士多德认为，悠闲对于人们的成长来说是不可或缺的。他宣称悠闲教育是一个国家最重要的任务之一。对他来说，悠闲是一种最幸福的状态，因为悠闲本身就是一种目的。我们不是为了得到什么而悠闲，而是为了悠闲而悠闲。悠闲是一个无目的的空间。做我们想做的事，仅仅因为我们对此感到高兴。悠闲的特点是我们可以真正自由地支配时间。

此外，空闲时间只与悠闲有关。空闲时间最初是我们不从事有偿工作的时间。它由工作时间定义。不工作的人也没有空闲时间。相反，我们是否经历或塑造悠闲的时间取决于我们自己。经历了一个又一个休闲活动的人可能会经历很多事情，但这种经验数量是否会带来深度体验，我们暂不作讨论。我们的日常生活中充满了带有目的性的理性思考，以至于我们很难在空闲时间里消除它。

如果你根据自己的经验知道空闲时间带来的压力是什么，那么建议你更加仔细地看看你的态度。如果你不去精确地记录空闲时间，那么你会担心什么呢？你会面对什么呢？在某个周末的一个自由的下午，有意识地尝试做一些相反的事情，不要计划这段时间，看看你的担心是否会出现。

悠闲与正确的态度有决定性的关系。一种以不受强迫和平静为特征的态度。如果我们既没有时间压力也没有业绩压力，只是为了事情本身而做事，那么工作也可以变得悠闲。不幸的是，这种类型的工作在涡轮资本主义中是不会被预见到的，这就是为什么大多数人将他们的工作与压力联系起来，而不是与悠闲联系起来。

要成为时间的主人，而不是一个被时间支配的人，这可以区分出懒惰的人。但还有一些事情可以让悠闲变得悠闲：能够参与其节奏，能够受其引导，能够拽住自我约束并努力提高效率的缰绳。接近某种事物并被这种事物吸引住，这就是悠闲。

如果亚里士多德苦苦劝告国家将人们培养成悠闲的人，那么这也是必须学习的。也许你现在想要知道目的性自由和学习是如何结合在一起的？我们通常会为了一件其他的事情而学习。学习语言的人之所以这样做，是因为他们想说或想掌握这种语言。通常情况下道路和目标并不一致。然而学会悠闲与我们熟悉的学习方式有很大不同。如果我们想要学习成为懒惰的人，那么我们首先应该反思我们的思维习惯和态度。相信懒惰是一切坏事起源的人，相信只有能干的人才会是幸运的人，相信工作使生活甜蜜的人，相信只有先工作才会感到愉快的人，从父母或其他人那里听到而相信歌曲《努力，努力，盖房子》是生活缩影的人，这些人很难接受悠闲。这对于发现自己的信条和伯乐肯定会有所帮助。

请记住你刚刚阅读过的这些谚语，有意识地注意一下你正在提及的某些谚语。然后考虑一下你在工作和空闲时所做的事情。当你能察觉到内心的冲动时，在第二步中考虑当你想象自己保持悠闲时会出现什么样的担心。可能是害怕来自外部环境的负面评论，害怕失去物质保障……只要你通过工作和成绩来定义自我价值，悠闲就很困难。

如果你已经意识到自己与悠闲的关系实际上是非常轻松的，但遗憾的是无法悠闲，那么揭露时间强盗是很重要的。对于我们大多数人来说，电视、互联网、手机、社交媒体一定排在时间强盗名单的最前面，但也有某些出于内疚而忍受的社交活动和会面。这时少即是多。不要在那些对自己意义不大的人身上花太多时间，他们几乎没有时间去见那些真正关心自己的人。你要在社交媒体中选择真正重要的东西。即使你没有了解脸书好友或名人私生活的最新状态，太阳也会在第二天早上照常升起。你花费在这些软件上的时间实际上掌握在你自己的手中。

如果我们想要成为悠闲的人，那么还有一些事情很重要，也就是在日常生活中创造属于你的悠闲绿洲：在回家的路上喝咖啡，在公园里散步、听音乐，定期与非常友好的人见面，放松地洗澡，去蒸桑拿，一些给你带来乐趣的事情。让悠闲在你的生活中占据一席之地。思考一下你的悠闲小岛在日常生活中会是什么样的以及如何定期维护它们。

参考文献：

亚里士多德：《哲学著作》，第3卷，《尼各马可伦理学》，汉堡：菲利克斯·麦尔诺出版社，1995年。

为什么事物不是显现的那样

你知道吗？有一次你正在去某个地方的路上，虽然你以前去过那里，但这一路看起来仍然与你所认识的完全不同。大部分时候是因为我们没有走那条熟悉的路，而是有意或无意地选择了另一条路线，所以会出现这种情况。虽然沿着这条路我们也能到达同一个目的地，但到达时的那一刻目的地看起来可能很不一样，原因可能在于一个人在一个物体的侧面或背面，此时他所面对的是没有看到过的东西。从不同的角度观察事物，它就会发生变化，因为当我们从未见过的某一侧面出现时，熟悉的感觉也会随之消失。

然而不仅某种物质的、可以感受到的物体有时会因为视角原因让人产生完全不同的印象；还有各种事件、情况，当人们从不同的角度观察时他们的面孔也会发生变化。当我们间隔一定的时间再去观察某一事件时，我们立刻就会注意到。从远处看，我们通常可以对发生的事情做出不同于具体情况本身的判断。事件本身没有任何变化，只是从不同的视角出发，我们得到了一个不同的评价。

但是生活中也存在很多情况，其中很大程度上取决于我们观察事物的观点，因为每种情况都与不同的评价相关联，并且每种情况都会导致不同的行动后果。如果你做了一个失败的项目之后，就确认你很愚蠢、没有能力；或许无论如何，未来你都会远离类似的任务。但是如果你将关注点转移到从你的失败之中能学到什么，而不是重复失败，你就不会觉得气馁，就能在获得下一个任务的成功。

许多人相信，成功的人要么是非常幸运，要么有良好的起步条件，或者他们为成功付出了不同寻常的努力。但是这些都不是能够决定成败的唯一条件。能够决定成败的能力不仅是面对失败不气馁，而且要对此做出分析，下次不再重复犯同样的错误。任何准备从错误中吸取教训的人，他们能把错误当成一次机会来抓住。这是一种新颖又非常有用的观点。

能够转换视角观察事物的能力不仅对你自己的行为有积极的影响，而且也会对你与他人的交往产生有利的作用。如果某个事物从不同的视角看起来完全不同，怎样才能确定我们对一件事的真实情况或者其结果当时所持的观点哪个是正确的呢？难道其他观点不是一样正确吗？还是其他意见甚至可能更正确一点呢？视角转换让你能够宽容地、尊重地与其他人的观点进行交流。你将不再认为你在原则上始终是正确的。这不仅让你的生活更轻松，也让你对其他人更友好。

　　古希腊人之中的怀疑论者接受并发展了这个观点。他们认为我们没有必要做出决定判断，没有必要对我们的行为和思想不断批判、究根问底，因为我们无法得知事实真相是不是事物所表现给我们的那样。

　　　　皮浪，怀疑论的创始人，给了我们以下思考："没有什么是美丽的，没有什么是丑陋的，没有什么是公平的，没有什么是不公平的；而且这句话几乎无一例外地适用，没有任何事实（像事物表现出来的那样），更确切地说是人们做的事，不过是因为符合法律的协议，遵循着习惯。（《大哲学家的生活和思想》II，第9册，XI）"

　　皮浪已经清楚地表明，无论怎样，我们都不可能认识到事物的本质。我们只能认识我们看到的东西。然而我们如何看待表象，由我们的视角决定。我们的许多信仰和价值观深深地受到我们生活中的文化、家庭、时代环境和其他类似因素的影响。遗憾的是我们经常意识不到，还觉得我们的观点是唯一正确的。如果意识到自己的信仰有局限性，我们就能够对问题或难题采取不同的观点。而且我们更容易理解为什么对手采用了不同的方法。因为我们认为自己的观点是唯一合理的，就会出现许多误解甚至矛盾。

这并不意味着你不能有自己的信仰和想法，只是你不应该认为这些是绝对毫无疑问的教条主义。允许有不同的态度，和信仰与冷淡主义并无关系。冷淡主义认为所有的信仰都没有差别。我们的世界到处都存在着差异，你不必对所有人都说"是"和"阿门"，尤其是在游戏中没有涉及个人完整性的时候。但是你要一直提醒自己，其他的信仰也有存在的合理性。不同的视角能让我们的生活更有价值，你能用更多的视角看待事物，你的视野就会更开阔。

当你对媒体上一个激起你情感的话题有意见或态度时，请你花一个小时、一支笔和几分钟时间。在纸上写下这一点。然后现在将你自己放在一个毫不相干的第三者位置，寻找这个观点的原因。把你想到的东西写下来，即使你写下的东西难以描述出你的态度。完成之后请你再读一遍所有的论证，仔细看看，你是否能从一个不相干的第三者的视角理解这几点。

参考文献：

第欧根尼：《大哲学家的生活和思想》，汉堡：费利克斯·迈纳出版社，1988年。

我们如何能尽情享受这一刻

我们的生活就在这里和现在，不在昨天和明天。我们知道，但却没有照此生活。相反，我们浪费时间思考过去发生的我们已经无法改变的事情，也在猜测我们无法掌控的未来。当我们苦思冥想生活的意义并嫉妒那些似乎毫不费力地享受生活的人时，我们自己独特的生活就会被忽视。正因为如此，西方古代已经将人们的精神生活视为人类心理健康的必需品。希腊哲学家亚里斯提卜是苏格拉底的一名弟子，他建议："既不用弥补过去，也不必为将来提早担忧。因为这是幸福的象征，是精神世界得到快乐的证明。在每个人都在做或者考虑某件事的一天，他要求我们把注意力集中在当下的一天，或者这一天的其他部分。他教导说，因为只有现在是我们的，既不是先前的过去，也不是预期的未来，因为不管要考虑哪一个，另一个的到来都会被扭曲。（《古典幸福学说》，第50页）"

每一天，每一个时刻其中都蕴藏着我们更加深入生活的机会。假设我们决定，向他们伸出手并且抓住机会。"活在当下！"——"把握今天！"几个世纪以来，罗马诗人贺拉斯一直在呼唤我们。他贴切地表述了他的榜样——哲学家伊壁鸠鲁的学说，他想将人们带到此时所在之地和此时所处之时，以幸福填补他们独一无二的生活。

这个在目前具有很高价值的哲学信仰主要受到东方传统智慧的影响。每一天都是美好的一天，"日日是好日。"中国禅师云门文偃（唐代云门宗禅创始人）曾说道。现在，佛教心理学竭尽全力让我们这些心不在焉的西方人重新感受生活，重新与生活有意识地交流。

> 正念启发：一天之中经常暂停一下，问问你自己：我能感受到我的身体吗？还是我只是在我的身体旁边无意义地生活？激活你的感官，环顾四周，倾听、感受当下这一刻生活给你的礼物。请你拿出一点时间，全身心地感知这些时刻。

然而享受当下的快乐生活与伊壁鸠鲁或来自东方智者的自负享乐主义无关。相反，伊壁鸠鲁劝告人们拥有克制而道德高尚的生活。因为对他来说，最大的快乐是找到宁静状态、艺术和完整的灵魂安宁。就像在他之前的亚里士多德一样，伊壁鸠鲁曾警告过人们远离眼前的享乐，不要忽视这种行为的后果。因为各种形式的放荡和过激行为会扰乱宁静状态，能引起精神剧变和身体的痛苦。

不，生活不是一个开不完的派对。而且我们无法在毫无节制的追求享乐中找到幸福。我们当然可以庆祝生活、享受生活。在生活的简单事物中找到丰富的东西。让我们感受到真正的愉悦。我们认为享受日常生活中的乐趣是理所当然：早晨香气浓郁的咖啡，洒进房间的阳光，与家人共进早餐。无论谁能够每天在简单的生活中发现美，都会不断增加他生命中的幸福因素。从美食家的角度来看"把握今天"意味着：生活津津有味，同时也责任重大，这样才能让第二天有一个未来。也请注意照顾一下你的同伴，让他们也能同样有机会充分享受这一天。

问问自己：我怎样才能在不成为享乐主义者和自我主义者的情况下享受我的生活？什么能让我的生活有价值，有意义？是什么让我这一生有深度，有意义？我的心脏为什么而跳动？

时间是短暂的。我们的生命也是有限的。正因为如此生命才珍贵。这就是为什么世上的智者都教导我们，生命中的每一天，都要像是最后一天一样来过。在禅宗修道院中，傍晚时僧侣会吟诵以下谚语：

我从内心最深处告诉你们所有人：生与死都是一件严肃的事。

一切都过得很快，

那一刻不会迟疑停留。你们每一个人都很警觉，

没有人是粗心、健忘的。

在基督教修道院的传统中，在他们的告诫之中找到了类似的思想："Memento mori！"——"记住，你只是一个凡人！"与禅宗祖师和哲学家伊壁鸠鲁教导人们既不要害怕神也不要害怕死亡不同，基督教信徒有一个会惩罚人的上帝的愿景，助长了对死亡的恐惧，并且以此夺走人们生活中的很多快乐。

然而从另一个视角来看，死亡的确定性也能让生活增添乐趣。因为对我们来说没有什么比与自己的死亡对抗能更清楚地体现我们生命的珍贵，没有什么能比认识生命的有限能更深入地让我们体验生命。当人的生命受到严重疾病的威胁时，我们反复想到过去我们认为理所当然的，所有东西突然都变得意义深刻、独一无二了。恰好是对时间短暂的认识，认真过好当下的生活，让我们忘记对

明天的担忧。我们才意识到：现在我还活着！

这不正是作为凡人的我们的任务：利用我们在地球上所拥有的宝贵的时间吗？不将任何东西、绝对不要将自己的生命看作理所应当？

如果你还只有一天生命，你在这一天会做什么呢？如果这是你生命的最后一小时，你想跟谁度过？你想对他说什么？

参考文献：

伊壁鸠鲁：《论恐惧的克服》，苏黎世：阿尔特米斯出版社，1990年。

贺拉斯：《歌集》，杜塞尔多夫：阿尔特米斯和温克勒出版社，2002年。

克里斯托夫·霍恩：《古代生活艺术，从苏格拉底到新柏拉图主义者的幸福与道德》，慕尼黑：贝克出版社系列，2010年。

马尔特·霍森菲尔德（编译）：《古典幸福学说，德语翻译中的古希腊伦理渊源》，斯图加特：克勒讷出版社，1996年。

在生活里要正面死亡

你现在可能想要问，为什么死亡应该属于美好生活的一部分。死亡不是某一个生命的终止而完全与美好生活的概念相反吗？然而任何人谈论美好生活，都不可避免地要谈到死亡和死去。对伟大的古典哲学思想家来说死亡本质上是生命的一部分。早期哲学家如泰勒斯或赫拉克利特认为生与死之间没有本质的区别。在他们眼中，生与死只是此在的不同形式。泰勒斯的一句话非常有名："生和死没有区别。"当有人问他为什么他不去死时，泰勒斯答："因为没有区别。"（《大哲学家的生活和思想I》，第35页）赫拉克利特也认为生与死之间没有分隔。对他来说两者是不可分割的。

柏拉图在与死亡抗争时又获得了一个更进一步的层面。对他而言哲学就是走近死亡的一种练习。柏拉图认为，当面对自己的死亡时，才能表现出他是否真正理解哲学的含义。对柏拉图的老师苏格拉底来说，死亡是向精神不朽的过渡。他确信人死之后灵魂会获得自由并且回归其精神起源。如果我们相信柏拉图关于苏格拉底之死的描述，那么他伟大的导师在逝世的那一刻得以证明自己是一位真正的哲学家，他毫无恐惧甚至找到了安慰他那崩溃和绝望的学生的力量。苏格拉底强行喝下了那杯毒堇汁，他坚信人的肉体死去之后精神会幸存下来。

然而这种灵魂能够从死亡之中幸存的想法可能只是对相信自己是不死不朽之人的一种安慰。当然即使在古代也有哲学家不相信这种说法，但他们仍然认为研究死亡是为了生存。伊壁鸠鲁支持的观点与柏拉图不同，他认为人和人的灵魂仅仅是由在人死的一刻消解的原子组成。伊壁鸠鲁认为，我们无法有意识地感知到死亡，因为感官和意识的感知都已经随着灵魂的消解而不复存在了。然而他宣称自己与死亡的抗争是哲学存在最重要的任务之一。所以他要求他的学生："在死亡中锻炼自己！（《论恐惧的克服》，第64页）"

另一句伊壁鸠鲁关于死亡的话可能更著名。"一切恶中最可怕的——死亡——对于我们无足轻重，因为当我们存在时，死亡对于我们还没有来，而当死亡时，我们已经不存在了。（《论恐惧的克服》，第45页）"这句话似乎几乎打破了前一句话的逻辑。如果死亡与我们无关，那我们应该怎样在死亡中练习呢？也许是出于这个原因，因为死去是我们要经历的事情，而死亡是这个过程的结局。与死亡抗争的人，是在与他的生命抗争，因为从我们出生的那一刻起死亡的过程就开始了。我们可以忽视它，或是思考研究它。

伊壁鸠鲁关于死去和死亡的研究基于两个来源。一方面，他希望通过对生命和死亡的分析来驱除人们对众神的恐惧。他认为对神灵在人死后的惩罚的恐惧是最严重的阻碍美好生活的生命能量之一。另一方面，他意识到死亡与我们的生命紧密相连。死亡意味着人们意识到自身生命的短暂。美好而有成就的生命不会逃避生命的这一个方面。了解自己生命的局限性对伊壁鸠鲁有着重要的作用。这使智者关心他存在的质量。"如果叫一个青年好好地活，而叫一个老人好好地死，那就是傻瓜了，这不仅因为生命是愉悦的，也是因为好好地活和好好地死二者都属于同样的教养。"（《致美诺寇的信》）当好的生命认真对待好的死亡时也会有担忧。因为死亡是迫使我们一次又一次地停下来反思自己行为的时刻。死亡迫使我们承认，这一生中没有任何东西能永恒存在。一方面，这可能是一种威胁和痛苦。我们不想失去那些对我们来说很重要很有意义的东西，更不用说那些对我们来说很重要的人。然而另一方面，对于无处不在的短暂性和局限性的认识又可能会在生命中产生创新。如果没有什么是永恒的，那我们生活中时时经历的痛苦也不是永恒。

佛祖传授给他的追随者四个关于痛苦的基本见解

（即四谛，编者）。第一个是：众生皆苦。第二个是叩问痛苦的原因。痛苦存在，因为一切多变。生命中没有任何美好愉悦的东西永恒存在。但如果这个说法成立，那世间的痛苦也是有条件的。这是第三个见解。第四个描述了克服痛苦的方法。这是神圣的八圣道，由知识、道德和冥想三极组成。重要的是佛祖悟出：痛苦本身也是有条件的，它并不是不会结束。

那些能够承认变化和失去是生命中不可缺少的部分的人，也会学着去践行这个认识。在面对这些时他再也不会对此毫无准备，猝不及防。我们常常相信，生命的短暂和变迁的定律只适用于其他人，我们能幸免于此。然而永恒变迁和短暂的定律也适用于我们自己。

实践在东西方哲学中扮演同样重要的角色。如果说东方采用了冥想的方法，那么希腊哲学家则选择了意识的道路。哲学家一次又一次在所有的生活情境中意识到，他在此刻拥有的一切，原来只是瞬间，不会永恒拥有。任何知道这种瞬间性的人都明白，他必须要放手，但他也能有意识地感受到这一瞬间的幸福。我们既不能留住这美好的瞬间，也无法推迟它的到来。安宁疗护发起人西西里·桑德斯女士说："这不是为了给生命以时间，而是给时间以生命。"伊壁鸠鲁一定会认同这句话。对待自己的死亡，认识到自己的生命是有限的，对他来说是格外珍视生命这件宝贵物品的原因之一。

想象一下，对你来说这一生中什么是真正重要的。假设你必须要为自己写一封悼词。你一定会很遗憾地提到哪些没有做过或者体验过的事情呢？你这一生取得过什么成功？你做过的这些事，哪些仍然存在，或者留下了痕迹？

参考文献：

第欧根尼：《大哲学家的生活和思想》，汉堡：费利克斯·迈纳出版社，1988年。

伊壁鸠鲁：《致美诺寇的信》，节选于《格言集》中的《论恐惧的克服》，苏黎世：阿尔特米斯出版社，1990年。

雅普·曼斯菲尔德（编译）：《前苏格拉底哲学》，斯图加特：雷克拉姆出版社，2012年。

克劳斯·梅里乌斯（编）：《四圣谛》，原始佛教的文本，斯图加特：雷克拉姆出版社，1998年。

柏拉图：《菲登全集第3卷》，汉堡：1998年。

附录:

哲学词汇解释

安提西尼

安提西尼生活在公元前445年至公元前365年。他是犬儒主义的创始人。Kynos在古希腊语中是狗的意思。周围的人都将这些哲学家称为狗,因为他们极不寻常的行为引人注目。和其他同时代的哲学家一样,他也是苏格拉底的学生,特别是在道德问题上受到过苏格拉底的启发。安提西尼反对雅典人的颓废,并教导说,生命只有无欲无求才能实现自由和独立。尽管他曾有很多著作,但今天我们只能通过第三方的转述来了解他的部分学说。犬儒学派的人是雅典第一批质疑奴隶制并提出世界主义思想的人。

阿伦特

汉娜·阿伦特1906年出生于汉诺威的一个犹太家庭。年轻时她就对哲学很感兴趣。18岁时在马堡大学学习哲学。在纳粹掌权之后她移民法国,1941年她又旅居美国。阿伦特在她讨论极权主义形式的主要作品中,认为自己是一个政治思想家。通过对艾希曼的报道,她为广大公众所熟知。她的"平庸的恶"的概念在当时的背景下引起了激烈的讨论。1975年汉娜·阿伦特在纽约逝世。

亚里斯提卜

亚里斯提卜，或译作亚里士提卜，出生于非洲北部的昔勒尼。他的学派也以他的家乡命名：昔勒尼学派。他出生于公元前435年前后，逝世于公元前360年。他在年轻时就是苏格拉底的学生，但与他的老师不同的是他离开了雅典并且要求上课的报酬。亚里斯提卜主要关注什么是美好生活的问题。对他来说这是所有人都寻找的乐趣，就跟他们逃避痛苦是一样的。然而对亚里斯提卜来说重要的是人不能变成欲望的奴隶，而要掌控欲望，做一个自由的人。

亚里士多德

亚里士多德于公元前384年出生于斯塔基拉，17岁时搬到了雅典，成为柏拉图学院的学生，直到柏拉图死后他才离开。亚里士多德作为马其顿人由腓力浦二世接到他的宫殿，教导他的儿子，也就是后来的亚历山大大帝。亚里士多德留下了涉猎极广的著作，其中除了政治、形而上学、自然科学和诗歌，还有伦理学研究。亚里士多德在他的伦理学著作中努力研究人类行为的正确尺度。他于公元前322年在加尔西斯逝世。

德·波伏娃

西蒙娜·德·波伏娃1908年出生于巴黎。这位作家和哲学家与她的伴侣让-保罗·萨特是法国存在主义的重要先驱之一。她主要因为她的一部现代女权运动的重要作品《第二性》闻名。在书中她提出女性不是生而为一名女性，而是由社会制造的。这位坚定的社会主义者和女权主义者的一生都致力于让人们从压迫和统治中获得自由。于1986年在巴黎去世。

布伯

马丁·布伯于1878年在维也纳出生，但由他的祖父母在伦贝格抚养长大，他在那里接触到了后来他收集其文章和历史的犹太教哈西德派。他在认识西奥多·赫茨尔后，决定参加犹太复国运动。在美因河畔法兰克福的担任教授时，他写下了他的哲学领域最重要的著作之一《我与你》。纳粹夺取政权之后布伯失去了教授的职务，并于1938年逃往以色列。布伯一直强调，以色列属于犹太人和阿拉伯人。1953年他获得德国书商和平奖。布伯于1965年逝世于耶路撒冷。

佛陀

在印度传统中佛陀是对觉悟者的尊称。印度最著名的觉悟者悉达多·乔达摩完全可以被称此尊号。他生活在（前560？—480年？）印度北部。依据佛陀的教诲，通往觉悟的道路是认识到众生皆苦，因为生命短暂而多变。但因为痛苦本身也是短暂的，它是可以克服的。克服通往救赎，以此获得启发。所谓的八圣道描述了启发的途径。

第欧根尼

锡诺帕的第欧根尼可能是最著名的古代哲学家之一。他于公元前412年出生于黑海边的锡诺帕，公元前323年逝世于科林斯。毫无疑问他是犬儒哲学传统的标志人物。他通过心满意足地住在一只破旧的木桶并且只靠批发市场为生向他同时代的人展示了他的自足、他内心的独立和自立。没有任何一个其他哲学家像他一样有那么多相关的轶事。特别是他与亚历山大大帝的相遇，这个故事在许多短篇小说中流传了下来。

埃克哈特

埃克哈特大师于1260年出生于图林根州。"大师"这个头衔是因为他在巴黎大学的学术工作。Meister是拉丁语magister的德语翻译，与Professor的含义相同。今天，对于大多数人来说埃克哈特不再是一位学术思想家，更多的是一个密契主义者。与他的兄弟托马斯·阿奎纳不同，埃克哈特非常推崇柏拉图和新柏拉图式统一学说，他创新性地将其与他自己的思想交织在一起。然而在宗教视野下这种创造力太过分了，因此1326年时罗马教会对埃克哈特展开了调查。然而在1329年公布将他逐出教会的判决之前，埃克哈特已经去世了。

爱默生

美国哲学家、作家拉尔夫·沃尔多·爱默生于1803年出生于马萨诸塞州，于1882年在当地逝世。他与亨利·戴维·梭罗都是超验主义运动的创始人，这场运动要求彻底更新美国文化并且以此对美国哲学史产生长久的影响。典型的超验主义者要求与自然和谐一致地生活，他们将这种要求视为神迹的表达。爱默生公开反对奴隶制，这对亚伯拉罕·林肯产生了巨大的影响。

爱比克泰德

爱比克泰德是晚期斯多葛派哲学最重要的代表人物之一。他于公元50年左右出生于今土耳其境内的弗里吉亚的希拉波利斯古城，于135年左右在今希腊境内的伊庇鲁斯的尼科波里期逝世。他的思想核心是人如何能过上美好的生活。爱比克泰德建议他的听众，严格区分他们能够施加影响的事物和超出他们影响的事物。一个人的思想、感情和行为属于他能够施加影响的事物。这些他可以改变。照这样理解，问题不是来自外部世界，而是源自个人对外部世界的看法。因此一个人应该在有必要的时候改变自己对外部世界的看法。

伊壁鸠鲁

伊壁鸠鲁于公元前341年在萨摩斯出生，但他拥有雅典民权，因为他的父亲是雅典公民。公元前306年伊壁鸠鲁为了建立他的学派在雅典寻求到一处花园，就是所谓的Kepos，一直到他逝世那年——公元前270年，他都在那里与他的追随者会面。他的学说的核心思想是快乐，这是人们称他思想为享乐主义的原因。希腊语Hedone是"欲望"的意思。然而这种欲望与性欲的放纵无关，而对于伊壁鸠鲁来说这种最高的快乐是当人能控制自己的情绪，不被情绪支配时产生的心灵的宁静。

弗洛姆

精神分析心理学家和哲学家艾瑞克·弗洛姆1900年出生于美因河畔法兰克福的一个犹太家庭，1980年在瑞士的穆拉尔托逝世。弗洛姆于1934年移民到美国，在那里他发展了他的规范人本主义思想。他认为人不仅有身体需要，也有基本的心理需求。当这些基本的心理需求得不到满足时，他要么试图改变环境，要么就会变得迟钝。因为根据弗洛姆的说法，人本质上既不善也不恶，人总能以积极或破坏性的方式回应生活及其挑战。

赫拉克利特

赫拉克利特大约生活于公元前544年至公元前483年的爱菲斯城邦，今属于土耳其。他的一生都有一个别名"晦涩哲人"，这应该是指他学说的深度，这对他同时代人来说已经非常难以理解。虽然他与人们之间非常疏离，但他在其家乡爱菲斯担任大祭司多年，这是一个非常高的荣誉。今天我们只能看到他的学说的一些片段。他的哲学思想的核心要素是发展变化。世界上的一切都处在不断变化的过程之中，因为任何事物都产生于他的对立面。对立面是不变和永恒的逻各斯（Logos）理论。

希帕提娅

遗憾的是，关于愤世嫉俗的哲学家希帕提娅后世没有准确的记载，她的著作也未能流传下来。她应该是生活在公元前四世纪，因为她与克拉特斯（公元前365年—前285年）结过婚。希帕提娅通过她的兄弟梅特罗克尔斯知道了克拉特斯的学说。她对他的学说非常感兴趣，尽管克拉特斯的身体是畸形的，她也不想跟其他的男人结婚。希帕提娅以独立哲学家的身份出现在雅典。

康德

伊曼努尔·康德于1724年出生于柯尼斯堡，1804年在那里逝世，他肯定是现代最重要的哲学家。启蒙运动与他的名字关联之密切是其他任何人都无法比拟的。关于启蒙运动，他的一句名言很具代表性："要有勇气运用你自己的理智！"康德的伟大功绩在于，几乎没有与他同时代的其他思想家像他一样指出，我们无法认识到现实本身是什么样子，而是永远只能看到现实向我们展示的样子。我们永远无法确定，我们的知识在外部世界对应的东西。但康德不仅仅对认识论产生了影响，也在伦理学上有造诣。在他看来，每个人都至少可以认识到在道德上做什么和不做什么是正确的。其基础是绝对命令，它要求："你应该这样做，以便使你行为准则成为普遍的立法原则。"

孔子

Konfuzius是中文名称K'ung-fu-tzu（孔夫子）的拉丁化形式，意思是"孔老师"。孔子生活在公元前551年至前479年。他是一位非常伟大的中国哲学家和智慧导师，至今他的学说在许多亚洲国家仍很受欢迎。他最重要的主张是人与世间万物和谐共处，为此必须恪守伦理道德。其学说的一个重要的价值就是人性。为了认识人性，人们就需要教育。孔子写下了一些重要的著作，成为了儒学的基础。

老子

老子是道教最重要的思想家。关于他的生平年代，研究人员存在争议。他可能与孔子生活在同一时代。他有可能生活在公元前三世纪或四世纪。一些研究人员甚至对于老子是否是真实的历史人物这一点存在争议。传说他在周王室任守藏室史，后来他放弃了官位，游历四方。一位边境的官员认定他是一位伟大的智者，请求他留下书面文字。这部著作就是《道德经》。

莱布尼茨

戈特弗里德·威廉·莱布尼茨于1646年出生于莱比锡，1716年在汉诺威逝世。他是最后一位通才。莱布尼茨从事哲学研究的同时，也研究那个时代不同的自然科学，他被誉为启蒙运动的先驱者之一。除此之外他还尝试解答神正论的难题——一个善良而公平的神怎么能让人受苦。莱布尼茨对此解释说，我们的世界是众多可能的世界中最好的一个。对他的陈述的众多的批评表明许多人对这个"解决方法"并不满意。

马尔克·奥列里乌斯

马尔克·奥列里乌斯是一位君王哲学家，公元121年出生于罗马，公元180年逝世。他是伟大的罗马斯多葛派哲学家之一。他有一本哲学著作传世，即所谓的《沉思录》，这本书至今仍然广受欢迎。马尔克·奥列里乌斯建议无畏地看待命运和个人的生死，将命运与生死融入宇宙整体之中，因为没有人能与统治一切的宇宙全能对抗。重要的是要对自己和自己的行为一次次地进行批判性的自我反思。在道德层面上他要求谦逊并且宽容他人的不足之处。

孟子

孟子（前370？—前290？）名孟轲，拉丁语为
Menzius。他是儒家思想最重要的思想家之一。他认为人
性本善。只有外部环境和教育会导致人变得消极负面。
对孟子来说最重要的美德之一是对所有人都抱有同情
之心。

尼采

弗里德里希·威廉·尼采于1844年出生于萨克森州吕
岑的一个虔诚的教区家庭。他的父亲早逝。尼采学习古典
语言学，同时也深入研究哲学。尤其是亚瑟·叔本华深深
地吸引着他。尼采对柏拉图的哲学和犹太–基督教传统，
尤其是他们对人类形象的刻画持批判态度。他批判柏拉图
的绝对真理观，这使他成为现代主义的先驱。他指责基督
教传播一种奴隶道德，这种道德限制了人在工作中的强大
和自主。尼采认为人应该成为超脱于所有正常道德观念
的超人的奴隶。1889年他精神崩溃，精神状态不断恶化，
1900年因精神错乱逝世。

柏拉图

柏拉图可能是最著名的希腊古典哲学家。他于公元前428年出生于雅典，公元前347年在那里逝世。他出身于雅典贵族，从年轻时便忠诚地跟随他的老师苏格拉底，直到公元前399年他的老师逝世。柏拉图留下了大量的作品，至今仍然保留了下来，并且在其中记载着他老师的学说。因此区分柏拉图和他的老师苏格拉底的观点很不容易。他的思想最重要的一个方面就是只有理念世界是完美和永恒的。他将这种理念世界称为美好、统一和善的理念。人的任务是认识这种理念世界。在这方面他取得了成功，他没有沉醉于世间不完美的性欲之事。对柏拉图来说所有感官上的事物只是精神现实的影子，这就是为什么也只有精神现实世界能够如此断言。

普鲁塔克

普鲁塔克（45？—125）不像一位独立的哲学家，更多的是一位希腊作家。我们对古代思想家的众多了解多亏有他。他曾在德尔斐担任阿波罗神庙终身祭司并且建立了自己的学校，他在那里主要教授柏拉图的哲学，他认为他与这种哲学联系非常紧密。除了著名思想家的传记外，他还撰写了许多关于伦理道德问题的著作。

毕达哥拉斯

毕达哥拉斯（前570？—前500？—说前490？）在萨摩斯岛出生，在意大利南部的梅塔庞通逝世。他是第一位创立具有确定规则的哲学共同体的西方哲学家。他开办的学校的特殊之处在于妇女也可以成为其中一员。所谓的毕达哥拉斯学派致力于遵守缄默、素食和道德的生活方式。毕达哥拉斯学派的人相信重生。毕达哥拉斯所从事的研究包括数学、宇宙学和音乐。他确信，宇宙是和谐有序的世间万物，如果他能在数学或音乐中认识到其基础的和谐结构，宇宙就会向人类开放。

良宽

良宽于1758年生于日本。在禅宗修道院接受了严格的训练之后，他在日本山区成为隐士僧侣。他以他诗意的智慧文章和轶事故事闻名世界。因为他的古怪的生活方式，便有了个法号"大愚"。他逝世于1831年。直到今天他在日本还是享有盛誉的诗人和智者。

萨特

让-保罗·萨特1905年在巴黎出生，1980年在那里逝世。他是存在主义的主要思想家之一。他在众多的戏剧剧本、小说和哲学文章中阐述了他对人类存在意义的思考。他的一句话非常著名："存在先于本质。"也就是说人被抛入生活之中，必须在没有任何预先准备的情况下自己获得自由。这个人对这个世界、对他自己都有责任。没有人能解脱他的责任。对萨特来说，这种责任意味着他一生的时间都在积极地参加政治和社会活动。

叔本华

亚瑟·叔本华于1788年出生于格但斯克，1860年于美因河畔法兰克福逝世。叔本华以他的《人生的智慧》闻名于世，在这本书中他最大限度地阐述了他关于生命和世界的哲学思想。除此之外还撰写了大量的哲学著作。叔本华受康德影响颇深，他认为我们只能通过我们自己的感知来体验世界。人们所有行为的基础是人的意志。

塞涅卡

出生于公元一世纪的哲学家塞涅卡是罗马斯多葛派最重要的代表人物。他担任尼禄皇帝的家庭教师几年之久。他的职业最终也导致了他的死亡。塞涅卡被指控参与了针对尼禄皇帝的谋反并且在公元65年被判决自杀。他的学说着重于人如何能获得内心的平静。这个问题对整个斯多葛派具有核心意义。在他的一部著作当中，他广泛涉及闲暇的话题，这对他来说是美好生活的一部分。

苏格拉底

苏格拉底于公元前470年出生于雅典，公元前399年因为不敬神、否定众神而在雅典被判死刑。苏格拉底对西方哲学的意义，由此可见一斑——按照哲学史，所有诞生于苏格拉底之前的哲学干脆被解释为"前苏格拉底哲学"。像许多伟大的古代教师一样，他没有写下任何著作。我们知道的所有关于他和他学说的内容，都来自于他的学生，他的学生中柏拉图是最著名的。苏格拉底将他的哲学行为与助产士的工作相比较，他的母亲是一名助产士。就像助产士帮助女人生下他们的孩子一样，苏格拉底尝试帮助人们"生出"他们与生俱来的思想。苏格拉底不想向任何人兜售他现成的学说，而是以此来带领人们思考，自己找到解决方案。

斯提尔波

我们对麦加拉的斯提尔波知之甚少，因为他的著作已经失传。个别作品也只是通过其他哲学家和历史学家流传下来。他可能逝世于公元前280年左右。他以他的雄辩术、逻辑推理艺术和精神上的坚定性而闻名于世。他的学说之一认为人不应该让自己被他的情感和冲动所控制。能摆脱内心的人才是一个自由的人。

泰勒斯

米利都城的泰勒斯出生于公元前624年，公元前547年逝世。他是爱奥尼亚学派自然哲学家之一，这个学派以这些哲学家所居住的小亚细亚的地区命名。与其他早期希腊哲学家一样，我们只能通过其他思想家的记录来了解他的学说。他曾深入研究自然。他认为水是宇宙的源头和起源，一切都产生于水。泰勒斯也是一位杰出的天文学家，他曾预测到一次日食。

托马斯·阿奎那

托马斯·阿奎那于1225年出生于意大利南部。他儿时就被卡西诺山的本笃会隐修院录取。19岁时他加入了多明我会，这意味着他将成为最著名的思想家。他深入研究与基督教神学联系紧密的亚里士多德的哲学思想。另外他还在巴黎大学执教。托马斯·阿奎那留下了大量的作品，至今他仍是最重要的基督教学者。他于1274年逝世。

梭罗

美国作家、哲学家亨利·戴维·梭罗1817年出生于马萨诸塞州的康科德，1862年在那里因肺结核逝世。他深受美国哲学家和作家拉尔夫·沃尔多·爱默生的改革思想的影响。梭罗是奴隶和战争坚定的反对者，因此他拒绝纳税。他的作品《论公民的不服从权利》成为很多人的灵感来源。然而他以他的作品《瓦尔登湖》闻名于世，在这本书中描写了他退出文明社会隐居瓦尔登湖畔思考社会与政治问题的两年。